HARRAP'S

Hungarian

PHRASE BOOK

Compiled by
LEXUS
with
László Jotischky
and
Gamon McLellan

D0718565

HARRAP

EDINBURGH
NEW YORK   TORONTO

Distributed in the United States by

PRENTICE HALL
New York

First published in Great Britain 1991
by HARRAP BOOKS LTD
43–45 Annandale Street, Edinburgh EH7 4AZ

© Harrap Books Ltd/Lexus Ltd 1991

Reprinted: 1991, 1992

ISBN 0 245-60262-3
In the United States, ISBN 0-13-382631-7

Printed in England by Clays Ltd, St Ives plc

CONTENTS

INTRODUCTION

The phrase sections in this new book are concise and
to the point. In each section you will find a list of basic
vocabulary; a selection of useful phrases; a list of
common words and expressions that you will see on
signs and notices. A full pronunciation guide is given
for things you'll want to say or ask and typical replies
to some of your questions are listed.

Of course, there are bound to be occasions when you
want to know more. So this book allows for this by
containing a two way Hungarian-English dictionary
with a total of some 5,000 references. This will enable
you to build up your Hungarian vocabulary, to make
variations on the phrases in the phrase sections and to
recognize more of the Hungarian words that you will
see or hear when travelling about.

As well as this we have given a menu reader covering
about 200 dishes and types of food — so that you will
know what you are ordering! And, as a special feature,
there is a section on colloquial Hungarian.

Speaking the language can make all the difference to
your trip. So:

minden jót!
minden yawt
good luck!

and

jó utát kivánok!
yaw ootaht keevahnok
have a good trip!

PRONUNCIATION

In the phrase sections of this book a pronunciation guide has been given by writing the Hungarian words as though they were English. So if you read out the pronunciation as English words a Hungarian should be able to understand you. Some notes on this:

g	always hard as in 'get'
ew	as in 'dew' (if you know French, it's the 'u' sound)
EW	similar to the sound in 'dew' but longer
J	like the 's' in 'pleasure'

Hungarian words are always stressed on the first syllable and, where there are double consonants, both should be pronounced.

In the Menu Reader and the Hungarian to English dictionary section we have followed Hungarian alphabetical order. This differs from English in the following respects: **c, cs; g, gy; l, ly; n, ny; o/ó, ö/ő; s, sz; t, ty; u/ú, ü/ű; z, zs.**

To help you decipher Hungarian:

a – hot	**ó** – yawn
á – father	**ö** – fur
c – ts	**ő** – fur *(longer than ö)*
cs – ch	**s** – sh
é – ay	**sz** – s
gy – dj	**ty** – tuna
i – weed	**u/ú** – oo
j – yolk	**ü** – dew
ly – yolk	**ű** – dew *(longer than ü)*
ny – companion	**zs** – pleasure

GRAMMAR

The stem is the same as the third person singular except where an alternative is shown:

adni	to give	ad	he gives
állni	to stand	áll	he stands
aludni	to sleep	alszik	he sleeps *(stem: alsz)*
álmodni	to dream	álmodik	he dreams *(stem: álmod)*
beszélni	to speak	beszél	he speaks
csinálni	to make	csinál	he makes
enni	to eat	eszik	he eats *(stem: esz)*
eladni	to sell	elad	he sells
élni	to live	él	he lives
feküdni	to lie	fekszik	he lies *(stem: feksz)*
felébredni	to wake up	felébred	he wakesup
felkelni	to get up	felkel	he gets up
fizetni	to pay	fizet	he pays
futni	to run	fut	he runs
gondolni	to think	gondol	he thinks
hallani	to hear	hall	he hears
inni	to drink	iszik	he drinks *(stem: isz)*
írni	to write	ír	he writes *(stem: ír)*
jönni	to come	jön	he comes *(stem: jöv)**
kapni	to get	kap	he gets
látni	to see	lát	he sees
menni	to go	megy	he goes*
mondani	to say	mond	he says
nézni	to look	néz	he looks
olvasni	to read	olvas	he reads
repülni	to fly	repül	he flies
tenni	to put; to do	tesz	he puts, does*
úszni	to swim	úszik	he swims *(stem: úsz)*
utazni	to travel	utazik	he travels *(stem: utaz)*
ülni	to sit	ül	he sits
venni	to take;to buy	vesz	he takes, buys*

* these verbs are irregular in that some forms cannot be formed by adding the usual ending to the stem, ie the stem changes slightly:eg **jönnek** 'they come', **mennek** 'they go', **tettem** 'I did' and **vettem** 'I took').

VERBS WITH -ik   OTHER VERBS
PRESENT

alszom I sleep	**olvasok** I read
alszol you sleep	**olvasol** you read
alszik he/she sleeps	**olvas** he/she reads
alszunk we sleep	**olvasunk** we read
alusztok you sleep	**olvastok** you read
alszanak they sleep	**olvasnak** they read

125

GRAMMAR

eszem I eat	**jövök** I come
eszel you eat	**jössz** you come
eszik he/she eats	**jön** he/she comes
eszünk we eat	**jövünk** we come
esztek you eat	**jöttök** you come
esznek they eat	**jönnek** they come

PAST

aludtam I slept (was sleeping, have slept, had slept)	**olvastam** I read (was reading, have read, had read)
aludtál you slept	**olvastál** you read
aludt he/she slept	**olvasott** he/she read
aludtunk we slept	**olvastunk** we read
aludtatok you slept	**olvastatok** you read
aludtak they slept	**olvastak** they read

ettem I ate (etc)	**jöttem** I came (etc)
ettél you ate	**jöttél** you came
evett he/she ate	**jött** he/she came
ettünk we ate	**jöttünk** we came
ettetek you ate	**jöttetek** you came
ettek they ate	**jöttek** they came

Often the present tense is used for the *FUTURE* as well:

itt vagyok	I am here
holnap megint itt vagyok	I'll be here again tomorrow.

Another way to express future action is to use the verb **fog** with the infinitive form of the verb:

INDEFINITE   DEFINITE (see below)

fogok	I will ...	**fogom**
fogsz	you will ...	**fogod**
fog	he/she will ...	**fogja**
fogunk	we shall ...	**fogjuk**
fogtok	you will ...	**fogjátok**
fognak	they will ...	**fogják**

enni to eat	**fogok enni** I will eat
aludni to sleep	**fognak aludni** they will sleep

Verbs which can have an object (eat, read, make, see etc) have both *INDEFINITE* and *DEFINITE* endings. So far, we have seen only the indefinite forms, but if the action of the verb has a definite (that is a clearly specified) object, you have to use a definite verb ending. 'I am reading', 'I am reading an interesting book' — both these sentences lack a definite

GRAMMAR

object, and the verb in Hungarian will thus be indefinite. But in the sentences 'I am reading your letter', 'I read that book', the object is definite: your letter, that book, and the verb must be definite too.

olvasni to read   **enni** to eat

DEFINITE		INDEFINITE
	PRESENT	

DEFINITE		INDEFINITE
olvasom/eszem	I read/eat	olvasok/eszem
olvasod/eszed	you read/eat	olvasol/eszel
olvassa/eszi	he/she reads/eats	olvas/eszik
olvassuk/esszük	we read/eat	olvasunk/eszünk
olvassátok/eszitek	you read/eat	olvastok/esztek
olvassák/eszik	they read/eat	olvasnak/esznek

| | **PAST** | |

DEFINITE		INDEFINITE
olvastam/ettem	I read/ate	olvastam/ettem
olvastad/etted	you read/ate	olvastál/ettél
olvasta/ette	he/she read/ate	olvasott/evett
olvastuk/ettük	we read/ate	olvastunk/ettünk
olvastátok/ettétek	you read/ate	olvastatok/ettetek
olvasták/ették	they read/ate	olvastak/ettek

QUESTIONS

The easiest way to ask questions in Hungarian is to change the inflexion in your voice, as is also possible in English:

> **ez a tiéd**   this is yours
> **ez a tiéd?**   this is yours? (is this yours?)

The voice rises on the last but one syllable.

ugye 'isn't it?', 'wasn't it?', 'haven't you?' etc:

> **jó film volt, ugye?**   it was a good film, wasn't it?

CONVERSION TABLES

metres
   1 metre = 39.37 inches or 1.09 yards

kilometres
   1 kilometre = 0.62 or approximately ⅝ mile

to convert kilometres to miles: divide by 8 and multiply by 5

kilometres:	2	3	4	5	10	100
miles:	1.25	1.9	2.5	3.1	6.25	62.5

miles
to convert miles to kilometres: divide by 5 and multiply by 8

miles:	1	3	5	10	20	100
kilometres:	1.6	4.8	8	16	32	160

kilos
   1 kilo = 2.2 or approximately 1⅕ pounds

to convert kilos to pounds: divide by 5 and multiply by 11

kilos:	4	5	10	20	30	40
pounds:	8.8	11	22	44	66	88

pounds
   1 pound = 0.45 or approximately 5⁄11 kilo

litres
   1 litre = approximately 1¾ pints or 0.22 gallons

Celsius
to convert to Fahrenheit: divide by 5, multiply by 9, add 32

Celsius:	10	15	20	25	28	30	34
Fahrenheit:	50	59	68	77	82	86	93

Fahrenheit
to convert Fahrenheit to Celsius: subtract 32, multiply by 5, divide by 9

hello
jó napot kívánok
yaw nopot keevahnok

hi
(to one person) szervusz;
(to more than one person) szervusztok
servooss; servoosstok

good morning
jó reggelt (kívánok)
yaw reggelt (keevahnok)

good evening
jó estét (kívánok)
yaw eshtayt (keevahnok)

good night
jó éjszakát
yaw ayssokaht

pleased to meet you
örvendek
uhrvendek

goodbye
viszontlátásra
vissontlahtahshro

cheerio
(to one person) szervusz;
(to more than one person) szervusztok
servooss; servoosstok

see you
viszlát
visslaht

GENERAL PHRASES

yes/no
igen/nem
igen/nem

yes please
igen, kérem
igen kayrem

no thank you
köszönöm, nem
kuhssuhnuhm nem

please
kérem
kayrem

thank you/thanks
köszönöm
kuhssuhnuhm

thanks very much
köszönöm szépen
kuhssuhnuhm saypen

you're welcome
szívesen
seeveshen

sorry
bocsánat
bochahnot

sorry? *(didn't understand)*
tessék?
teshayk

how are you?
hogy van?
hodj von

very well, thank you
köszönöm, jól
kuhssuhnuhm yawl

and yourself?
és ön?
aysh uhn

GENERAL PHRASES

excuse me *(to get attention)*
bocsánat
bochahnot

how much is it?
mennyibe kerül?
menn-yibeh kerewl

can I ...?
szabad ...?
sobod

can I have ...?
kérek ...
kayrek

I'd like to ...
szeretnék ...
seretnayk

where is ...?
hol (van) ...?
hol (von)

it's not ...
nem ...
nem

is there ... here?
van itt ...?
von it

could you say that again?
lesz szíves megismételni?
less seevesh megishmaytelni

could you speak more slowly?
kérem, beszéljen lassabban
kayrem bessayl-yen loshobbon

I don't understand
nem értem
nem ayrtem

OK
jó
yaw

GENERAL PHRASES

come on, let's go!
gyerünk!
djerewnk

what's that in Hungarian?
ez mi magyarul?
ez mi modjorool

could you write it down?
lesz szíves leírni?
less seevesh leh-eerni

I don't speak Hungarian
nem tudok magyarul
nem toodok modjorool

that's fine!
remek!
remek

aluljáró	underpass
bejárat	entry
belépődíj	admission fee
belépődíj nincs	admission free
eladó	for sale
félemelet	mezzanine
férfiak	gents
földszint	ground floor
kiárúsítas	sale
kijárat	exit
megtelt	full
nem működik	out of order
nők	ladies
nyitvatartási idő	opening hours
nyomni	press
szombaton és vasárnap zárva	closed on Saturdays and Sundays
tilos	forbidden
vigyázat!	danger!
zárva	closed

COMING AND GOING

airport	repülőtér *repewlurtayr*
baggage	poggyász *podjahss*
book (in advance)	foglalni *foglolni*
coach	autóbusz *owtawboos*
docks	dokkok *dokkok*
ferry	rév *rayv*
gate (at airport)	beszállóhely *bessahllaw-hay*
hydrofoil	szárnyashajó *sahrn-yosh-ho-yaw*
plane	repülőgép *repewlurgayp*
sleeper	hálókocsi *hahlawkochi*
station (main)	pályaudvar *pah-yo-oodvor*
taxi	taxi *toxi*
terminal	végállomás *vaygahllomahsh*
train	vonat *vonot*

a ticket to ...
egy jegy ...-ba/-be/-ra/-re
edj yedj ...-bo/-beh/-ro/-reh

I'd like to reserve a seat
szeretnék ülőhelyet foglalni
seretnayk ewlurhayet foglolni

smoking/non-smoking please
dohányzó/nem dohányzó helyet kérek
dohahn-yuhzaw/nem dohahn-yuhzaw hayet kayrek

a window seat please
ablak melleti helyet kérek
oblok melletti hayet kayrek

which platform is it for ...?
melyik vágányról indul ...-ba/-be/-ra/-re?
may-ik vahgahn-yuhrawl indool ...-bo/-beh/-ro/-reh

what time is the next flight?
mikor indul a következő gép?
mikor indool o kuhvetkezur gayp

COMING AND GOING

is this the right train for ...?
ez a vonat megy ...-ba/-be/-ra/-re?
ez o vonot medj ...-bo/-beh/-ro/-reh

is this bus going to ...?
megy ez az autóbusz ...-ba/-be/-ra/-re?
medj ez oz owtawboos ...-bo/-beh/-ro/-reh

is this seat free?
szabad ez a hely?
sobod ez o hay

do I have to change (trains)?
át kell szállni?
aht kell sahllni

is this the right stop for ...?
itt kell leszállni ...-hoz/-hez/-höz?
itt kell lessahllni ...-hoz/-hez/-huhz

which terminal is it for ...?
honnan kell ...-ba/-be/-ra/-re utazni?
honnon kell ...-bo/-beh/-ro/-reh ootozni

is this ticket ok?
jó ez a jegy?
yaw ez a yedj

I want to change my ticket
szeretném becserélni a jegyem
seretnaym becheraylni o yedjem

thanks for a lovely stay
köszönöm a szíves vendéglátást
kuhssuhnuhm o seevesh vendayglahtahsht

thanks very much for coming to meet me
köszönöm szépen, hogy kijött elém
kuhssuhnuhm saypen hodj kiyuhtt elaym

well, here we are in ...
na, megérkeztünk ...-ba/-be/-ra/-re
na megayrkeztewnk ...-bo/-beh/-ro/-reh

COMING AND GOING

van elvámolni való?
von elvahmolni volaw
anything to declare?

lesz szíves kinyitni ezt a táskát?
less seevesh kin-yitni ezt o tahshkaht
would you mind opening this bag please?

állomásfőnök	station master
beszállóhely	gate
dohányozni tilos	no smoking
érkezés	arrival
felvilágosítás	information
indulás	departure
megőrző	left luggage
menetrend	timetable
metró	underground
nem bejárat	no entry
pénzváltás	currency exchange
poggyász	luggage
talált tárgyak	lost property
útlevélvizsgálat	passport control
vágány	platform
vám	customs
város felé	exit to town
váróterem	waiting room
vészfék	emergency brake
villamos	tram

GETTING A ROOM

balcony	erkély *erkay*
bed	ágy *ahdj*
breakfast	reggeli *reggeli*
dining room	étterem *aytterem*
dinner	vacsora *vochoro*
double room	kétágyas szoba *kaytahdjosh sobo*
guesthouse	penzió *penziaw*
hotel	szálloda *sahllodo*
key	kulcs *koolch*
lunch	ebéd *ebayd*
night	éjszaka *ayssoko*
private bathroom	külön fürdőszoba
	kewluhn fewrdursobo
reception	porta; recepció *porto; retseptsiaw*
room	szoba *sobo*
shower	zuhany *zuhon-yuh*
single room	egyágyas szoba *edjahdjosh sobo*
with bath	fürdőszobával *fewdursobahvul*
youth hostel	ifjúsági szálló *if-yooshahgi sahllaw*

do you have a room for one night?
van szobájuk egy éjszakára?
von sobah-yook edj aysokahro

do you have a room for one person?
van szobájuk egy személy részére?
von sobah-yook edj semay rayssayreh

do you have a room for two people?
van szobájuk két személy részére?
von sobah-yook kayt semay rayssayreh

we'd like to rent a room for a week
szeretnénk kivenni egy szobát egy hétre
seretnaynk kivenni egj sobaht edj haytreh

GETTING A ROOM

I'm looking for a good cheap room
szeretnénk egy jó szobát olcsón
seretnaynk edj yaw sobaht olchawn

I have a reservation
foglaltam egy szobát
fogloltom edj sobaht

how much is it?
mennyibe kerül?
menn-yibeh kerewl

can I see the room please?
megnézhetném a szobát?
megnayzhetnaym o sobaht

does that include breakfast?
ebben a reggeli is benne van?
ebben o regeli ish benneh von

a room overlooking the river/lake
egy folyóra/tóra nyíló szoba
edj fo-yawro/tawro n-yeelaw sobo

we'd like to stay another night
szeretnénk még egy éjszakára itt maradni
seretnaynk mayg edj aysokahra itt morodni

can I have my bill please?
megkaphatnám a számlámat, kérem?
megkop-hotnahm o sahmlahmot kayrem

I'll pay cash
készpénzben fizetek
kayspaynzben fizetek

can I pay by credit card?
kreditkártyával fizethetek?
kreditkahrt-yahvol fizet-hetek

will you give me a call at 6.30 in the morning?
lenne szíves felébreszteni reggel fél hétkor?
lenneh seevesh felaybressteni reggel fayl haytkor

at what time do you serve breakfast/dinner?
hány órakor lehet reggelizni/vacsorázni?
hahn-yuh awrokor lehet reggelizni/vochorahzni

15

GETTING A ROOM

can we have breakfast in our room?
kaphatnánk reggelit a szobánkban?
kop-hotnahnk reggelit o sobahnkbon

thanks for putting us up
köszönjük a szállást
kuhssuhn-yewk o sahllahsht

csak 6 személyre	room for 6 persons only
félpenzió	half board
fizető vendégszolgálat	paying guest service
fodrász	hairdressing
hölgyek	ladies
húzni	pull
kijárat	exit
nyitva	open
penzió	guesthouse
pénzváltás	currency exchange
személyzet	staff only
szoba kiadó	room to let
szobapincér	room service
teljes ellátás	full board
tilos a bemenet	private
tolni	push
urak	gentlemen
uszoda	swimming pool
vészcsengő	alarm bell
vészkijárat	emergency exit

EATING OUT

bill	számla *sahmlo*
dessert	édesség *aydeshayg*
drink *(verb)*	inni *inni*
eat	enni *enni*
food	étel *aytel*
main course	főétel *furaytel*
menu	étlap *aytlop*
restaurant	vendéglő *vendayglur*
salad	saláta *sholahto*
service	kiszolgálás *kissolgahlahsh*
starter	előétel *eluraytel*
tip	borravaló *borrovolaw*
waiter	pincér *pintsayr*
waitress	pincérnő *pintsayrnur*

a table for three, please
egy kétszemélyes asztalt kérek
edj kaytsemayesh osstolt kayrek

waiter!
pincér!
pintsayr

waitress!
kisasszony!
kishosson-yuh

can I see the menu?
kérem az étlapot
kayrem oz aytlopot

we'd like to order
szeretnénk rendelni
seretnaynk rendelni

what do you recommend?
mit ajánl?
mit o-yahl

17

EATING OUT

I'd like ... please
egy ... kérek
edj ... kayrek

can I have what he's having?
azt kérem, amit az az úr eszik
ozt kayrem omit oz oz oor essik

that's for me
ezt én kértem
ezt ayn kayrtem

some more bread please
kérek még kenyeret
kayrek mayg ken-yeret

a bottle of red/white wine please
egy üveg vörös/fehér bort kérek
edj ewveg vuhruhsh/fehayr bort kayrek

could we have the bill, please?
fizetek!
fizetek

büfé	snack bar
cigányzene	gipsy music
csak személyzet részére	staff only
cukrászda	confectionery
fagylaltozó	ice cream parlour
hideg ételek	cold dishes
kávéház	coffee house
kerthelyiség	restaurant with tables in a garden
kiszolgálási díj	service charge
konyha	kitchen
meleg ételek	hot dishes
mosdó	lavatory
nem dohányzóknak	for non-smokers
önkiszolgáló	self-service

áfonyamártás cranberry sauce
almás rétes apple strudel
angolos marhahús rare steak
aranygaluska walnut and raisin cakes
badacsonyi fogas giant pike-perch fillets in green pepper and tomato sauce
barackosfánk apricot doughnut
becsinált csirke pieces of chicken in a thick sauce
bécsi szelet veal cutlet fried in breadcrumbs
beigli sweet roll with walnut or poppy seed filling
bélszínérmék gombával tenderloin steak with mushrooms
bélszínfilé boneless tenderloin steak
besamelmártás white cream sauce
betyárfogas pike-perch fillets with mushrooms in sour cream sauce
betyárleves spicy broth with vegetables
birkacomb kapormártással roast leg of mutton in dill and sour cream sauce
birkagulyás mutton goulash soup
bográcsgulyás goulash soup
borjútokány veal casserole with sour cream
borjúvelő calves' brains
borsostokány beef casserole with pepper and onions
burgonyapüré mashed potatoes
burgonyasaláta potato salad
cigánypecsenye pork cutlets roasted on a spit
császármorzsa semolina pudding with jam and raisins
császárszelet veal cutlets in lemon and sour cream sauce
cseresznyés rétes cherry strudel
csikóstokány beef casserole with bacon
csipetke noodles
csirke nyárson chicken roasted on a spit
csirke roston grilled chicken
csontleves clear meat broth

daragaluska semolina dumplings *(in soups)*
daragombóc semolina dumpling
darázsfészek coffee-flavoured cake
debreceni rostélyos braised steak with spicy sausages
debreceni tokány beef casserole with onions, bacon and spicy sausages
derelye parcels of pasta filled with jam
dinsztelt marhahús braised beef
dinsztelt vöröskáposzta braised red cabbage
diós metélt sweet noodles with walnuts
diós rétes walnut strudel
diótorta walnut gâteau
disznócsülök káposztával smoked pig's knuckles with sauerkraut
disznósajt brawn
Dobostorta chocolate cream gâteau
egres mártás sour gooseberry sauce
erdélyi fatányéros mixed grill
erőleves clear broth
erőleves húsgombóccal broth with meat dumplings
Eszterházy rostélyos braised steak with vegetables
farsangi fánk apricot jam doughnut
fasírozott beef and pork meat loaf with hard-boiled eggs
felfújt soufflé
filézett rántott csirke boneless breaded chicken
finomfőzelék carrots, peas and kohlrabi in thick sauce
finommetélt thin egg noodles
fogas Lake Balaton giant pike-perch
franciakrémes custard cubes in flaky pastry
franciasaláta peas, carrots and turnips in mayonnaise
füstölt főtt csülök tormával smoked pig's knuckles with horseradish
füstölt marhanyelv smoked ox-tongue
galuska small soft dumplings
gesztenyepüré sweet chestnut purée
gombakrémleves cream of mushroom soup
gombásrizs mushrooms, rice and green peas
gombástokány beef casserole with mushrooms and onions
gombóc dumpling

grízgaluska semolina dumplings
gulyásleves goulash soup
Gundel palacsinta pancakes filled with nut and raisin paste, served in chocolate sauce and flambéed
gyümölcstorta fruit gâteau
hagymástokány beef casserole with sour cream
halászlé fish soup with paprika and vegetables
halfilé roston grilled fillets of fish
halkocsonya jellied fish
harcsaszeletek rántva breaded catfish fillets
hasábburgonya chips
hideg almaleves cold apple soup with cinnamon
hideg előételek cold starters
hideg libamáj zsírjában cold goose liver
hideg meggyleves cold cream of morello cherry soup
hortobágyi húsospalacsinta minced meat pancakes with sour cream dressing
hortobágyi rostélyos galuskával braised steak with dumplings
Jókai bableves bean soup with smoked pig's knuckles
kacsapecsenye roast duck
káposztás rétes cabbage strudel
karfiol krémleves cream of cauliflower soup
kecskeméti hírös palacsinta flambéed pancakes with apricot jam
kelkáposztafőzelék Savoy cabbage in white sauce
képviselőfánk custard doughnut
kocsonya jellied meat and haslet
kolozsvári rakottkáposzta baked sauerkraut
kolozsvári töltöttkáposzta cabbage stuffed with meat and rice
korhelyleves sauerkraut soup with bacon, smoked sausage and pasta
kovászos uborka pickled gherkins
körömpörkölt pig's knuckles casserole
lángos savoury fried dough
lecsó green pepper and tomato stew
libaaprólékos rizottó risotto with goose giblets
libamáj goose liver
libamájpástétom goose-liver pâté in a pastry shell
libamáj rántva goose liver fried in breadcrumbs

libapecsenye roast goose
maceszgombóc dumpling
máglyarakás apple, chopped nuts and raisin on sponge
  with apricot jam meringue
májas gombóc liver dumplings
májas hurka type of haggis filled with rice, pork liver
  and spices
mákos metélt sweet noodles with ground poppy seed
mákos rétes strudel with poppy seed paste filling
malacpecsenye roast sucking pig
malacsült roast sucking pig
marhahús vadasan steak in game sauce
marhapörkölt beef casserole
meggyes rétes morello cherry strudel
meleg előételek hot starters
mogyorótorta hazelnut gâteau
napi ajánlatunk today's special
natúrszelet sautéed pork cutlets
orosz krémtorta rum-flavoured cream gâteau
pacalpörkölt tripe casserole
palacsinta pancakes
paprikás burgonya potatoes stewed with paprika
paprikás csirke galuskával chicken fricassee in paprika
  and sour cream sauce with dumplings
paprikásszelet pork cutlets with potatoes in paprika
  and sour cream sauce
párolt káposzta steamed or braised cabbage
párolt marhasült braised beef
petrezselymes burgonya potatoes with parsley
pirítós toast
pirított burgonya roast potatoes
pirított máj sautéed liver
pirított zsemlekocka croûtons
pörkölt meat stew with paprika and sour cream
pulykapecsenye roast turkey
puncstorta rum and chocolate gâteau
rácponty roast carp with onions and paprika
raguleves soup with pieces of chicken
rakott palacsinta layers of pancakes with sweet fillings
rántott csirke breaded chicken
rántott gombafejek tartármártással breaded

mushrooms in tartar sauce
rántott hal breaded fish fillets
rántott hús breaded pork or veal cutlets
rántott ponty mártással breaded fillets of carp in a sauce
rántott pulykamell breaded turkey-breasts
rántott sertésborda pork cutlets fried in breadcrumbs
rántottszelet pork cutlets fried in breadcrumbs
Rigó Jancsi chocolate gâteau
rizibizi rice mixed with peas
rostélyos braised steak
sárgaborsó dried peas
savanyú káposzta sauerkraut
serpenyős rostélyos braised beef and vegetables
sertéskocsonya jellied pork meat
sertéspörkölt galuskával pork casserole with dumplings
sólet füstölt tarjával beans with smoked spare ribs
somlói galuska rum-flavoured sponge cubes with chocolate sauce and cream
sonkás fánk ham doughnuts
sonkás palacsinta pancakes filled with diced ham
spárga vajas morzsával asparagus au gratin
Stefániatorta chocolate gâteau
stíriai metélt sweet pasta with raisins, walnuts and jam
sült burgonya chips
sült csirke roast chicken
svéd gombasaláta mushroom salad
szalmakrumpli crisps or fried slices of potato
szalontüdő sour lungs casserole in cream
szárazbableves haricot bean soup
szegedi halászlé giant pike-perch and carp soup
székelygulyás sauerkraut and pork stew
szilvásgombóc dumplings filled with plums and sugar
szűzpecsenye roast tenderloin of pork
tarhonya fine grains of pasta
tarkabableves bean soup
tartár bifsztek raw minced beef mixed with a yolk and spices and served with toast
tartármártás tartar sauce
tavaszi saláta mixed salad in vinegar dressing

23

tejfölös bableves green bean soup with sour cream
tejszínhab whipped cream
téliszalámi Hungarian salami
tokány meat and onion stew
tökfőzelék marrow in sour cream sauce with dill
töltött csirke stuffed chicken
töltött fasírozott meat loaf filled with hard-boiled eggs
töltött paprika stuffed green peppers in tomato sauce
töpörtyű goose or pork crackling
túróscsusza tepertővel noodles with cottage cheese, crackling and sour cream
túrós metélt noodles with soft white cheese, bacon and sour cream
túrós palacsinta pancakes with cottage cheese and raisin filling
túrós pite sweet cottage cheese pie
túrós rétes cheese strudel
tyúkhúsleves chicken broth
uborkasaláta cucumber salad
újházy tyúkhúsleves chicken soup with noodles and dumplings
ürüborda mutton cutlet
ürücomb leg of mutton
ürügulyás mutton goulash
vadasan meat and vegetables in a lemon, mustard and sour cream sauce
vagdalt libamelle goose meat loaf
vargabéles vanilla and raisin sponge cake
vegyes saláta mixed salad
velő tojással scrambled eggs with brains
véres hurka fried black pudding
vesepecsenye veal kidneys in mustard sauce
vese velővel beef kidney and brains casserole
virsli frankfurters
vitaminsaláta mixed vegetables
zöldborsó peas
zöldségleves mixed vegetable broth
zsemlegombóc potato dumplings with croûtons
zserbószelet apricot jam, nut and chocolate cream layer cake
zsiványpecsenye various roast meats

HAVING A DRINK

bar	bár *bahr*
beer	sör *shuhr*
coke (R)	kola *kolo*
dry	száraz *sahroz*
fresh orange	narancslé *noronchlay*
gin and tonic	gin és tonic *djin aysh tonik*
ice	jég *yayg*
lager	világos sör *vilahgosh shuhr*
lemonade	limonádé *lemonahday*
pub	söröző *shuhruhzur*
red	vörös *vuhruhsh*
straight	tisztán *tistahn*
sweet	édes *aydesh*
vodka	vodka *vodko*
whisky	whisky *viski*
white	fehér *fehayr*
wine	bor *bor*

let's go for a drink
gyerünk, igyunk valamit!
djerewnk idjoonk volomit

a beer please
egy pohár sört kérek
edj pohahr shuhrt kayrek

two beers please
két pohár sört kérek
kayt pohahr shuhrt kayrek

a glass of red/white wine
egy pohár vörös/fehér bor
edj pohahr vuhruhsh/fehayr bor

with lots of ice
sok jéggel
shok yayggel

25

HAVING A DRINK

no ice thanks
köszönöm, jeget nem kérek
kuhssuhnoom yeget nem kayrek

the same again please
megint ugyanazt kérem
megint oodjonozt kayrem

what'll you have?
mit iszik?
mit issik

I'll get this round
most rajtam a sor
mosht ro-yuhtom o shor

not for me thanks
köszönöm, nem kérek semmit
kuhssuhnuhm nem kayrek shemmit

he's absolutely smashed
teljesen elázott
tay-yeshen elahzott

ásványvíz	mineral water
asztali bor	table wine
barackpálinka	apricot brandy
barna sör	stout
cseresznyepálinka	cherry brandy
fröccs	half wine, half soda water
hosszúlépés	third wine, two-thirds soda water
körtepálinka	pear brandy
narancsszörp	orangeade
részegeket nem szolgálunk ki	drunks will not be served
szilvapálinka	plum brandy
szódával	with soda water
Tokaji	very sweet white wine
16 éven aluliakat nem szolgálunk ki	no-one under 16 will be served

COLLOQUIAL EXPRESSIONS

barmy	pityókás *pit-yawkahsh*
bastard	hóhányó *hawhahn-yaw*
bird	csaj *cho-yuh*
bloke	ürge *ewrgeh*
nutter	dilis *dilish*
pissed	feltöltve *feltuhltveh*
thickie	hülye *hew-yeh*
twit	bunkó *boonkaw*

great!
isteni!
ishteni

that's awful!
ez gáz!
ez gahz

shut up!
kuss!
koosh

ouch!
au!
ow

yum-yum!
fincsi!
finchi

I'm absolutely knackered
dögfáradt vagyok
duhgfahrot vodjok

I'm fed up
torkig vagyok az egésszel
torkig vodjok oz egayssel

I'm fed up with ...
elegem van ...-ból/ből
elegem von ...-bawl/burl

27

COLLOQUIAL EXPRESSIONS

don't make me laugh!
ne nevettesse ki magát!
neh nevettesheh ki magaht

you've got to be joking!
ez kész röhej!
ez kayss ruh-hay

it's rubbish *(goods etc)*
ez szemét
ez semayt

it's a rip-off
ez rablás
ez roblahsh

get lost!
menjen a fenébe!
men-yen a fenaybeh

it's a damn nuisance
ez dühítő
ez dew-heetur

it's absolutely fantastic!
fantasztikus!
fontosstikoosh

bedöglött	it's given up the ghost/ broken down
ez a beszéd	now you're talking
hagyj békén	leave me alone
halvány fogalmam sincs	I haven't the foggiest
kezicsókolom	hello *(literally: I kiss your hand)*
megáll az eszem	you astound me
ne hülyéskedj	stop playing the fool
nem érdekel	I couldn't care less
nyomás!	get a move on!
szia/sziasztok	hi
szó sem lehet róla	it's out of the question

28

GETTING AROUND

bike	bicikli *bitsikli*
bus	busz *booss*
car	autó; kocsi *outaw; kochi*
change *(trains)*	átszállni *ahtsahllni*
garage *(for fuel)*	benzinkút *benzinkoot*
hitch-hike	autóstoppolni *owtawshtoppolni*
map	térkép *tayrkayp*
moped	moped *moped*
motorbike	motorbicikli *motorbitsikli*
petrol	benzin *benzin*
return (ticket)	menettérti jegy *menettayrti yedj*; retúrjegy *retoor-yedj*
single	egyedül utazni *edjedewl ootozni*
station	állomás *ahllomahsh*
taxi	taxi *toxi*
ticket	jegy *yedj*
train	vonat *vonot*
underground	metró *metraw*

I'd like to rent a car
kocsit szeretnék bérelni
kochit seretnayk bayrelni

how much is it per day?
mibe kerül naponta?
mibeh kerewl noponto

when do I have to bring the car back?
mikor kell visszahozni a kocsit?
mikor kell vissohozni a kochit

I'm heading for ...
...-ba/-be/-ra/-re megyek
...-bo/-beh/-ro/-reh medjek

how do I get to ...?
hogy jutok el ...-ba/-be/-ra/-re?
hodj yootok el ...-bo/-beh/-ro/-reh

29

GETTING AROUND

REPLIES

egyenesen
edjeneshen
straight on

forduljon balra/jobbra
fordool-yon bolro/yobbro
turn left/right

ez az épület az
ez oz aypewlet oz
it's that building there

forduljon vissza
fordool-yon visso
it's back that way

az első/második/harmadik sarok balra
oz elshur/mahshodik/hormodik shorok bolro
first/second/third on the left

we're just travelling around
csak körülnézünk erre
chok kuhrewlnayzewnk erreh

I'm a stranger here
nem vagyok ismerős erre
nem vodjok ishmerursh erreh

is that on the way?
az útba esik?
oz ootbo eshik

can I get off here?
leszállhatok itt?
lessahllhotok itt

thanks very much for the lift
köszönöm, hogy elhozott
kuhssuhnuhm hodj elhozott

two returns to ... please
két menettérti jegyet kérek ...-ba/-be/-ra/-re
kayt menettayrti yedjet kayrek ...-bo/-beh/-ro/-reh

GETTING AROUND

what time is the last train back?
mikor indul vissza az utolsó vonat?
mikor indool visso oz utolshaw vonot

we want to leave tomorrow and come back the day after
holnap akarunk elutazni és holnapután visszajönni
holnop okoroonk elootozni aysh holnopootahn visso-yuhnni

we're coming back the same day
még aznap visszajövünk
mayg oznop visso-yuhvewnk

is this the right platform for ...?
erről a vágányról indul a vonat ...-ba/-be/-ra/-re?
errurl o vahgahn-yuhrawl indool o vonot ...-bo/-beh/-ro/-reh

is this train going to ...?
ez a vonat megy ...-ba/-be/-ra/-re?
ez o vonot medj ...-bo/-beh/-ro/-reh

where are we?
hol vagyunk?
hol vodjoonk

which stop is it for ...?
hol kell leszállni ...-hoz/-hez/-höz?
hol kell lessahllni ...-hoz/-hez/-huhz

how far is it to the nearest petrol station?
milyen messze van a legközelebbi benzinkút?
mi-yen messeh von o legkuhzelebbi benzinkoot

I need a new tyre
új gumira van szükségem
oo-yuh gumiro von sewkshaygem

it's overheating
túlmelegszik a motor
toolmelegssik a motor

there's something wrong with the brakes
valami baj van a fékkel
volomi bo-yuh von o faykkel

GETTING AROUND

aluljáró	underpass
átszállás	change
behajtani tilos	no entry for motor vehicles
benzinkút	petrol station
előzni tilos	no overtaking
érkezés	arrivals
feltételes megálló	request stop
gyalogjáróknak	for pedestrians
gyalogos atkelőhely	pedestrian crossing
gyorsvonat	express train
havi bérlet	monthly season ticket
hetijegy	weekly ticket
indulás	departures
jegyváltás	ticket office
kihajolni veszélyes és tilos	do not lean out
lassan!	slow!
megállni tilos	no stopping
megálló	bus or tram stop
mozgólépcső	escalator
nem bejárat	no entry
parkolni tilos	no parking
parkolóhely	parking place
pénztár	ticket office
sebességkorlátozás	speed limit
végállomás	terminus
zsákutca	no through road

SHOPPING

carrier bag	zacskó *zochkaw*
cashdesk	pénztár *paynztahr*
cheap	olcsó *olchaw*
cheque	csekk *chek*
department	osztály *ostah-yuh*
expensive	drága *drahgo*
pay	fizetni *fizetni*
receipt	nyugta *n-yoogto*
shop	üzlet; bolt *ewzlet; bolt*
shop assistant	kiszolgáló *kissolgahlaw*
supermarket	szupermárket *soopermahrket*

I'd like ...
kérek ...
kayrek

have you got ...?
van ...?/lehet kapni ...?
von/lehet kopni

how much is this?
ez mennyibe kerül?
ez menn-yibeh kerewl

the one in the window
amelyik a kirakatban van
omeh-yik o kirokotbon von

do you take credit cards?
fizethetek kreditkártyával?
fizet-hetek kreditkahrt-yahvol

could I have a receipt please?
kaphatok nyugtát?
kop-hotok n-yoogtaht

I'd like to try it on
szeretném felpróbálni
seretnaym felprawbahlni

SHOPPING

I'll come back
majd visszajövök
mo-yuhd visso-yuhvuhk

it's too big/small
túl nagy/kicsi
tool nodj/kichi

it's not what I'm looking for
nem ilyesmit szeretnék
nem i-yeshmit seretnayk

I'll take it
megveszem
megvessem

can you gift-wrap it?
kaphatnám ajándék csomagolásban?
kop-hotnahm o-yahndayk chomogolahshbon

antikvárium	second-hand bookshop
áruház	department store
édességbolt	sweet shop
ékszerész	jeweller's
emléktárgy	souvenirs
gyógyszertár	pharmacy
használt	second-hand
illatszertár	chemist's
kifogyott	sold out
kiskereskedés	retail shop where goods such as electrical and office equipment can be purchased in small quantities
könyvesbolt	booksellers
könyvüzlet	booksellers
leszállított árak	reduced prices
piac	market
vásárcsarnok	indoor market
zöldség és gyümölcs	greengrocer's

34

HUNGARY AND THINGS HUNGARIAN

Aquincum	Roman settlement near Óbuda
Balaton	Hungary's largest lake and most popular holiday area, about 60 miles from Budapest
Bábolna	Hungary's world-famous stud farm
bogrács	cauldron with which shepherds cook
cimbalom	type of string instrument used by gipsy bands
Egri bikavér	strong red wine – Bull's blood of Eger
Esztergom	ancient town on the Danube
Ferihegy	Hungary's international airport
Halászbástya	Fishermen's Bastion – 19th century reconstruction of part of a medieval fortress – popular spot for street vendors, buskers and tourists
Margit sziget	Margaret Island – situated on the Danube – popular recreation area
Országház	Hungary's Parliament building
Puszta	wild parts of Great Plains
Russwurm cukrászda	small cake shop and café – famous landmark in Buda's Castle District
tárogató	woodwind instrument of Turkish origin
téliszalámi	Hungarian 'winter salami' – may be kept for almost any length of time
Tihany	Balaton village and holiday resort
Váci utca	lively pedestrian precinct in Budapest
Vár	Castle of Buda – district of Budapest with many shops and eating places
Vörösmarty tér	centre of Budapest – lively area with tourists, shoppers and buskers
március 15	commemorates 1848 Revolution
augusztus 20	commemorates 1st king of Hungary
október 6	commemorates those killed in 1848 and 1956 Revolutions
október 23	commemorates 1956 Revolution

MONEY

bank	bank *bonk*
bill	számla *sahmlo*
bureau de change	pénzváltás *paynzvahltahsh*
change *(small)*	aprópénz; apró *oprawpaynz; opraw*
cheque	csekk *chek*
credit card	kreditkártya *kreditkahrt-yo*
form	ürlap *ewrlop*
exchange rate	valutaárfolyam *volooto-ahrfo-yom*
expensive	drága *drahgo*
pounds (sterling)	font; fontsterling *font; fontshterling*
price	ár *ahr*
receipt	nyugta *n-yoogto*
traveller's cheque	traveller cheque

how much is it?
mennyibe kerül?
menn-yibeh kerewl

I'd like to change this into ...
szeretném ezt átváltani ...-ra/-re
seretnaym ezt ahtvahltoni ...-ro/-reh

can you give me something smaller?
kaphatnám kisebb címletekben?
kop-hotnahm kishebb tseemletekben

can I use this credit card?
elfogadja ezt a kreditkártyát?
elfogodjo ezt o kreditkahrt-yaht

can we have the bill please?
fizetek!
fizetek

please keep the change
a többi az öné
o tuhbbi oz uhnay

does that include service?
a kiszolgálás benne van?
o kissolgahlahsh benneh von

I think the figures are wrong
azt hiszem, ez nem helyes
ozt hissem ez nem hay-yesh

I'm completely skint
egy vasam sincs
edj voshom shinch

The unit is the 'forint'. This is divided into 100 fillér
fillayr.

bankjegy	banknote
biztosítás	insurance
címlet	denomination
elismervény	receipt
felár	surcharge
fizetés	payment
folyószámla	current account
kamat	interest
kamatláb	interest rate
készpénz	cash
kezelési díj	handling charge, commission
nyitva	opening hours
pénztár	cashdesk
pénzváltás	currency exchange
pénzváltó	currency exchange
nyugta	receipt
Országos Takarékpénztár	National Savings Bank
számla	bill, invoice
üzleti órák	business hours
valuta	currency
valutaárfolyam	exchange rates
valuta ügyletek	foreign business/currency exchange

ENTERTAINMENT

band *(pop)*	együttes *edjewttesh*
cinema	mozi *mozi*
concert	koncert *kontsert*
disco	diszko *dissko*
film	film *film*
go out	elmenni; járni *elmenni; yahrni*
music	zene *zeneh*
play *(theatre)*	(szín)darab *(seen)dorob*
seat	hely; ülés *hay; ewlaysh*
show	előadás *elurodahsh*
singer *(man)*	énekes *aynekesh*
(woman)	énekesnő *aynekeshnur*
theatre	színház *seenhahz*
ticket	jegy *yedj*

are you doing anything tonight?
van programod ma estére?
von progromod mo eshtayreh

do you want to come out with me tonight?
akarsz eljönni velem valahova ma este?
okors el-yuhnni velem volohovo mo eshteh

what's on?
mit adnak?
mit odnok

which is the best disco round here?
melyik a legjobb diszko a környéken?
may-ik o leg-yobb dissko o kuhrn-yayken

let's go to the cinema/theatre
menjünk moziba/színházba
men-yewnk mozibo/seenhahzbo

I've seen it
már láttam
mahr lahttom

38

ENTERTAINMENT

I'll meet you at 9 o'clock at the station
találkozzunk kilenckor az állomáson
tolahlkozzoonk kilentskor oz alomahshon

can I have two tickets for tonight?
két jegyet kérek ma estére
kayt yedjet kayrek mo eshtayreh

do you want to dance?
táncoljunk?
tahntsol-yoonk

thanks but I'm with my boyfriend
köszönöm, de a barátommal vagyok
kuhssuhnuhm deh o borahtommol vodjok

let's go out for some fresh air
menjünk ki a levegőre
men-yewnk ki o levegur-reh

will you let me back in again later?
megengedi, hogy később visszajöjjek?
megengedi hodj kayshurbb visso-yuh-yek

I'm meeting someone inside
találkozom valakivel odabenn
tolahlkozom volokivel odobenn

dalest	song recital
előadás	performance, show
elővétel	advance booking
feliratos	with subtitles
földszint	stalls
kamarazene	chamber music
lovasbemutató	equestrian show
mulató	night club
népi tánc	folk dance
népzene	folk music
ruhatár	cloakroom
színdarab	play
szünet	interval

business	üzlet *ewzlet*
business card	névjegy *nayv-yedj*
company	társaság *tahrshasahg*
contract	szerződés *serzurdaysh*
fax *(noun)*	fax *fox*
instalment	részlet *raysslet*
invoice	számla *sahmlo*
managing director	vezérigazgató *vezayrigozgotaw*
meeting	értekezlet *ayrtekezlet*
price	ár *ahr*
quote *(noun)*	árajánlat *ahro-yahlot*
target	cél *tsayl*
telex	telex *telex*
workflow schedule	munkabeosztás *moonkobeh-ostahsh*

I have a meeting with Mr ...
... urat keresem
... oorot kereshem

may I introduce Mr ...?
engedje meg, hogy bemutassam ... urat
engedjeh meg hodj bemootoshoŋ ... oorot

he is our technical director/sales director
ő a műszaki/forgalmazási igazgatónk
ur o mEWssoki/forgolmozahshi igozgotawnk

can we send you faxes in English?
küldhetünk önöknek faxot angolul?
kewldhetewnk uhnuhknek foxot ongolool

I'd like to have time to think it over
ezen szeretnék még gondolkozni
ezen seretnayk mayg gondolkozni

we're very excited about it
nagyon érdekel bennünket
nodjon ayrdekel bennewnket

BUSINESS

I'm afraid this is still a problem
ez sajnos még mindig probléma
ez sho-yuhnosh mayg mindig problaymo

ok, it's a deal
rendben van, megegyeztünk
rendben von megedjeztewnk

let's drink to a successful partnership
igyunk a társasviszonyunk sikerére
idjoonk o tahrshoshvisson-yoonk shikerayreh

it's a pleasure doing business with you
igen kellemes volt önnel tárgyalni
igen kellemesh volt uhnnel tahrdjolni

aktívák	assets
árucsere egyezmény	barter agreement
egyenleg	balance
főkönyv	ledger
forgalom	sales
haszon	profit
határidő	deadline
igazgatásági	board room
igazgatósági értekezlet tárgyalóterem	board meeting
kereskedelmi mérleg	trade balance
követel	debit
leszállítás	delivery
mérleg	balance sheet
passzívák	liabilities
tartozik	credit
ügyvezető igazgató	managing director
vállalatvezető	general manager
vegyesvállalkozás	joint venture
veszteség	loss

PROBLEMS

accident	baleset *boleshet*
ambulance	mentőautó *menturowtaw*
broken	törött *tuhruhtt*
doctor	orvos *orvosh*
emergency	vészhelyzet *vaysshayzet*
fire	tűz *tEWz*
fire brigade	tűzoltóság *tEWzoltawshahg*
ill	beteg *beteg*
injured	sérült *shayrewlt*
late	késő *kayshur*
out of order	nem működik *nem mEWkuhdik*
police	rendőrség *rendurshayg*

can you help me? I'm lost
tudna segíteni rajtam? Eltévedtem
toodno shegeeteni ro-yuhtom eltayvettem

I've lost my passport
elvesztettem az útlevelem
elvesstettem oz ootlevelem

I've locked myself out of my room
kizártam magam a szobámból
kizahrtom mogom o sobahmbawl

my luggage hasn't arrived
nem jött meg a poggyászom
nem juhtt meg o podj-yahssom

I can't get it open
nem tudom kinyitni
nem toodom kin-yitni

it's jammed
beszorult
bessoroolt

42

PROBLEMS

I don't have enough money
nincs elég pénzem
ninch elayg paynzem

I've broken down
defektet kapott a kocsim
defektet kopott o kochim

this is an emergency
vészhelyzet van
vayss-hayzet von

help!
segítség
shegeetshayg

it doesn't work
nem működik
nem mEWkuhdik

the lights aren't working in my room
nem ég a lámpa a szobámban
nem ayg o lahmpo o sobahmbon

the lift is stuck
a lift elakadt
o lift elokott

I can't understand a single word
egy szót sem értek
edj sawt shem ayrtek

can you get an interpreter?
nem tud egy tolmácsot szerezni?
nem tood edj tolmahchot serezni

the toilet won't flush
nem lehet lehúzni a W.C.-t
nem lehet lehoozni o vaytsayt

there's no plug in the bath
nincs dugó a fürdőkádhoz
ninch doogaw o fewrdurkahdhoz

there's no hot water
nincs meleg víz
ninch meleg veez

PROBLEMS

there's no toilet paper left
kifogyott a W.C. papír
kifodjott o vaytsay popeer

I'm afraid I've accidentally broken the ...
sajnos, véletlenül eltörtem ...
sho-yuhnosh vayletlenewl eltuhrtem

this man has been following me
ez az ember mindenfelé követ
ez oz ember mindenfelay kuhvet

I've been mugged
kiraboltak
kiroboltok

my handbag has been stolen
ellopták a kézitáskámat
elloptahk o kayzitahshkahmot

a fűre lépni tilos	keep off the grass
az állatok etetése tilos	do not feed the animals
biztosíték doboz	fuse box
éjszakai ügyelet	overnight service
harapós kutya	beware of the dog
hibabejelentő	engineer
magas feszültség	high voltage
ne ...	do not ...
óvakodjunk a zsebtolvajoktól	beware of pickpockets
panasziroda	complaints desk
rendőrőrszoba	police station
talált tárgyak	lost property
tilos	forbidden
tilos a bemenet	no entry
veszélyes	dangerous
vészkijárat	emergency exit
vigyázz!	look out!

bandage	kötés *kuhtaysh*
blood	vér *vayr*
broken	törött; eltört *tuhruhtt; eltuhrt*
burn	égési seb *aygayshi sheb*
chemist's	patika *potiko*
contraception	fogamzásgátlás *fogomzahshgahtlahsh*
dentist	fogorvos *fogorvosh*
disabled	mozgássérült *mozgahshayrewlt*
disease	betegség *betegshayg*
doctor	orvos *orvosh*
health	egészség *egayshayg*
hospital	kórház *kawrhahz*
ill	beteg *beteg*
nurse *(male)*	ápoló *ahpolaw*
(female)	ápolónő *ahpolawnur*
wound	seb *sheb*

I don't feel well
rosszul vagyok
rossool vodjok

it's getting worse
egyre rosszabb
edjreh rossobb

I feel better
jobban vagyok
yobbon vodjok

I feel sick
hányingerem van
hahn-yingerem von

I've got a pain here
itt fáj
itt fah-yuh

45

HEALTH

it hurts
fáj
fah-yuh

could you call a doctor?
legyen szíves, hívjon orvost
ledjen seevesh heev-yon orvosht

is it serious?
súlyos?
shoo-yosh

will he need an operation?
meg kell operálni?
meg kell operahlni

I'm diabetic
cukorbeteg vagyok
tsookorbeteg vodjok

have you got anything for ...?
tud adni valamit ... ellen?
tood odni volomit ... ellen

ajzószer	stimulant
altató	sleeping pill
baleseti osztály	casualty department
bejáró betegek	out-patients
fájdalomcsillapító	painkiller
használat előtt felrázandó	shake before use
naponta	daily
nyugtató	tranquilliser
rendelés	surgery hours
rendelő	surgery
röntgen	X-ray
szájon keresztül	orally
vizsgálat	examination

SPORT

I want to learn to sailboard
szeretném megtanulni a vitorlalovaglást
seretnaym megtonoolni o vitorlolovoglahsht

can we hire a sailing boat?
lehet vitorlást bérelni?
lehet vitorlahsht bayrelni

how much is half an hour's waterskiing?
mennyibe kerül egy félóra vízisízés?
menn-yibeh kerewl edj faylawro veezisheezaysh

can we use the tennis court?
játszhatunk a teniszpályán?
yahts-hotoonk o tenispah-yahn

I'd like to go and watch a football match
szeretnék megnézni egy labdarúgó mérkőzést
seretnayk megnayzni edj lobdoroogaw mayrkurzaysht

is it possible to do any horse-riding here?
lehet itt lovagolni?
lehet itt lovogolni

this is the first time I've ever tried it
ezt még sosem próbáltam
ezt mayg shoshem prawbahltom

I'd like to go shooting *(hunting)*
vadászni jöttem ide
vodahsni yuhttem ideh

where can we see a water polo match?
melyik uszodában láthatnánk egy vízilabda mérkőzést?
meh-yik oossodahbon laht-hotnahnk edj veezilobdo
mayrkuhzaysht

THE POST OFFICE

letter	levél *levayl*
poste restante	poste restante *post restont*
post office	posta; postahivatal
	poshto; poshtohivotol
recorded delivery	ajánlott; ajánlva *o-yahnlott; oyahnlvo*
send	küldeni *kewldeni*
stamp	bélyeg *bay-yeg*
telegram	távirat *tahvirot*

how much is a letter to Ireland?
milyen bélyeget kell tenni egy Írországba menő
levélre?
mi-yen bay-yeget kell tenni edj eerorsahgbo menur levaylreh

I'd like four 20 forint stamps
kérek négy darab húsz forintos bélyeget
kayrek naydj dorob hooss forintosh bayeget

I'd like six stamps for postcards to England
kérek hat bélyeget, Angliába menő képeslapokra
kayrek hot bayeget ongliahba menur kaypeshlopokro

is there any mail for me?
nem jött levelem?
nem yuhtt levelem

I'm expecting a parcel from ...
csomagot várok ...-ból
chomogot vahrok ...-bawl

csomag feladás	parcels
postafiók	P.O. box
postai díjszabás	postal rates
postatakarék	post office bank
választávirat fizetve	return telegram pre-paid

directory enquiries	tudakozó *toodokozaw*
engaged	mással beszél *mahshol bessayl*
extension	mellékállomás *mellaykahlomahsh*
number	szám *sahm*
operator	központ *kuhzpont*
phone (verb)	telefonálni *telefonahlni*
phone box	telefonfülke *telefonfewlkeh*
telephone	telefon *telefon*
telephone directory	telefonkönyv *telefonkuhn-yuhf*

is there a phone round here?
van itt valahol telefon?
von itt volohol telefon

can I use your phone?
telefonálhatok innen?
telefonahlhotok innen

I'd like to make a phone call to Britain
szeretnék Angliába telefonálni
seretnayk ongliahbo telefonahlni

I want to reverse the charges
szeretném, ha ott számítanák fel a díjat
seretnaym ho ott sahmeetonahk fel o dee-yot

hello
halló
hollaw

could I speak to Pál Kis?
beszélhetnék Kis Pállal?
bessaylhetnayk kish pahllal

hello, this is Simon speaking
halló, itt Simon
hollaw itt Simon

TELEPHONING

can I leave a message?
átadna egy üzenetet?
ahtodno edj ewzenetet

do you speak English?
tud ön angolul?
tood uhn angolool

could you say that again very very slowly?
legyen szíves, mondja el mégegyszer, nagyon nagyon lassan
ledjen seevesh mondjo el maygedj-ser nodjon nodjon loshon

could you tell him Jim called?
lesz szíves megmondani neki, hogy Jim kereste?
less seevesh megmondoni neki hodj Jim kereshteh

could you ask her to ring me back?
legyen szíves megkérni, hogy hívjon vissza
ledjen seevesh megkayrni hodj heev-yon visso

I'll call back later
később újra telefonálok
kayshurbb oo-yuhro telefonahlok

my number is ...
a számom ...
o sahmom

76 32 11
hetvenhat-harminckettő-tizenegy
hetvenhot hormintskettur-tizenedj

just a minute please
egy pillanat
edj pillonot

he's not in
nincs most itt
ninch mosht itt

sorry, I've got the wrong number
bocsánat, téves
bochahnot tayvesh

TELEPHONING

it's a terrible line
borzasztó rossz a vonal
borzostaw ross o vonol

REPLIES

tartsa a vonalat
torcho o vonolot
hang on

ki keresi?
ki kereshi
who shall I say is calling?

ki beszél?
ki bessayl
who's calling?

mással beszél	engaged
nem működik	out of order
tárcsázni	to dial
távbeszélő	telephone
telefonfülke	telephone booth
téves kapcsolás	wrong number
pénzt bedobni	insert money

THE ALPHABET

how do you spell it?
hogy írják?
hodj eer-yahk?

I'll spell it
lebetűzöm:
lebetEWzuhm:

a *o*	**gy** *djay*	**ny** *n-yuh*	**ty** *t-yuh*
á *ah*	**h** *hah*	**o** *o*	**u** *oo*
b *bay*	**i** *ee*	**ó** *aw*	**ú** *oo*
c *tsay*	**í** *ee*	**ö** *uh*	**ü** *yew*
cs *chay*	**j** *yay*	**ő** *ur*	**ű** *yew*
d *day*	**k** *kah*	**p** *pay*	**v** *vay*
e *eh*	**l** *el*	**r** *air*	**w** *dooplo vay*
é *ay*	**ly** *yuh*	**s** *esh*	**y** *ipsilon*
f *eff*	**m** *em*	**sz** *ess*	**z** *zay*
g *gay*	**n** *en*	**t** *tay*	**zs** *Jay*

NUMBERS, THE DATE, THE TIME

0	nulla *noollo*
1	egy *edj*
2	kettő; két *kettur; kayt*
3	három *hahrom*
4	négy *naydj*
5	öt *uht*
6	hat *hot*
7	hét *hayt*
8	nyolc *n-yolts*
9	kilenc *kilents*
10	tíz *teez*
11	tizenegy *tizenedj*
12	tizenkettő *tizenkettur*
13	tizenhárom *tizenhahrom*
14	tizennégy *tizennaydj*
15	tizenöt *tizenuht*
16	tizenhat *tizenhot*
17	tizenhét *tizenhayt*
18	tizennyolc *tizenn-yolts*
19	tizenkilenc *tizenkilents*
20	húsz *hooss*
21	huszonegy *hoossonedj*
22	huszonkettő *hoossonkettur*
30	harminc *hormints*
35	harmincöt *hormintsuht*
40	negyven *nedjven*
50	ötven *uhtven*
60	hatvan *hotvon*
70	hetven *hetven*
80	nyolcvan *n-yoltsvon*
90	kilencven *kilentsven*
91	kilencvenegy *kilentsvenedj*

NUMBERS, THE DATE, THE TIME

100	száz *sahz*
101	százegy *sahzedj*

200	kétszáz *kaytsahz*
202	kétszázkettő *kaytsahzkettur*

1,000	ezer *ezer*
2,000	kétezer *kaytezer*

1,000,000	millió *milliaw*

1st	első *elsur*
2nd	második *mahshodik*
3rd	harmadik *hormodik*
4th	negyedik *nedjedik*
5th	ötödik *uhtuhdik*
6th	hatodik *hotodik*
7th	hetedik *hetedik*
8th	nyolcadik *n-yoltsodik*
9th	kilencedik *kilentsedik*
10th	tizedik *tizedik*

what's the date?
hányadika van?
hahn-yadiko von

it's the first of June
június elseje van
yooni-oosh elsheh-yeh von

it's the tenth/twelfth of May 1994
ezerkilencszáz kilencvennégy május
tizedike/tizenkettedike van
*ezerkilentssahz kilentsvennaydj mah-yoosh
tizedikeh/tizenkettedikeh von*

what time is it?
hány óra?
hahn-yuh awro

it's midday/midnight
dél/éjfél van
dayl/ayfayl von

NUMBERS, THE DATE, THE TIME

it's one/three o'clock
egy/három óra van
edj/hahrom awro von

it's twenty past three
öt perccel múlt negyed négy
uht pertsel moolt nedjed naydj

it's twenty to three
öt perc múlva háromnegyed három
uht perts moolvo hahromnedjed hahrom

it's half past eight
fél kilenc van
fayl kilents von

it's a quarter past/a quarter to five
negyed hat/háromnegyed öt van
nedjed hot/hahromnedjed uht von

it's 6 a.m./p.m.
reggel/este hat van
reggel/eshteh hot von

at two/five p.m.
délután kettőkor/ötkor
daylootahn ketturkor/uhtkor

A

a egy; *(see grammar)*
about *(approx)* körülbelül
above fölött
abroad külföldön
accelerator gázpedál
accent *(stress)* ékezet;
  (pronunciation) kiejtés
accept elfogadni
accident baleset
accommodation szállás
accompany elkísérni
ache fájdalom
adaptor *(for voltage)* adapter;
  (plug) elosztó
address cím
address book notesz
adult felnőtt
advance: in advance előre
advise tanácsolni
aeroplane repülőgép
afraid: I'm afraid (of) félek
after után
afternoon délután
aftershave kölni férfiaknak
afterwards utána
again megint
against ellen
age kor
agency ügynökség
agent képviselet
aggressive aggresszív
ago: three days ago három
  nappal ezelőtt
agree: I agree rendben van

AIDS AIDS
air levegő
air-conditioned
  légkondicionált
air-conditioning
  légkondicionálás
air hostess légikisasszony
airline légitársaság
airmail: by airmail légiposta
airport repülőtér
alarm riadó
alarm clock ébresztőóra
Albania Albánia
alcohol alkohol
alive élő
all: all men/women minden
  férfi/nő; **all the milk** az
  egész tej; **all day** egész nap
allergic to allergiás ...-ra
all-inclusive összesen
allow megengedni
allowed szabad
all right: that's all right
  rendben van
almost majdnem
alone egyedül
already már
also is
alternator generátor
although bár
altogether együtt
always mindig
a.m.: at 5 a.m. reggel ötkor
ambulance mentőautó
America Amerika
American amerikai
among között
amp: 13-amp 13 amperes

ancestor ős
anchor horgony
ancient ősi
and és
angina angina
angry dühös
animal állat
ankle boka
anniversary *(wedding)* évforduló
annoying bosszantó
anorak anorák
another egy másik; **another beer** még egy sör
answer válasz
answer *(verb)* válaszolni
ant hangya
antibiotic antibiotikum
antifreeze fagyásgátló
antihistamine antihisztamin
antique antik
antique shop antik üzlet
antiseptic fertőtlenítő
any: **have you got any butter/bananas?** van vajuk/bananjuk?; **I don't have any** nincs
anyway akkoris
apartment lakás
aperitif étvágygerjesztő
apologize bocsánatot kérni
appalling megdöbbentő
appendicitis vakbélgyulladás
appetite étvágy
apple alma
apple pie almáspite
appointment találkozó
apricot barack
April április
archaeology archeológia
area terület
arm kar
arrest letartóztat

arrival érkezés
arrive megérkezni
art művészet
art gallery képtár
artificial mesterséges
artist művészet
as *(since)* mivel; **as beautiful as** olyan szép mint
ashamed szégyenkezve
ashtray hamutartó
ask kérdezni
asleep alva
asparagus spárga
aspirin aszpirin
asthma asztma
astonishing elképesztő
at: **at the station** az állomáson; **at László's** Lászlónál; **at 3 o'clock** 3 órakor; *(see grammar)*
attractive vonzó
aubergine padlizsán
audience közönség
August augusztus
aunt nagynéni
Australia Ausztrália
Australian ausztráliai
Austria Ausztria
Austrian osztrák
Austro-Hungarian Empire Osztrák-Magyar Monarchia
automatic automata
autumn ősz
awake ébren
awful rettenetes
axe balta
axle tengely

baby csecsemő

baby-sitter baby-sitter
bachelor agglegény
back *(of body)* hát; **the back wheel/seat** hátsó kerék/ülés
backpack hátizsák
bacon szalonna
bad rossz
badly rosszul
bag zsák; *(suitcase)* táska
baggage check *(US)* megőrzőben hagyott poggyász
bake sütni
baker pék
balcony erkély
bald kopasz
ball *(large)* gömb; *(small)* labda
banana banán
bandage kötés
bank bank
bar bár
barbecue bárbikjú
barber borbély
barmaid kiszolgálónő bárban
barman csapos
basement alagsor
basket kosár
bath fürdő
bathing cap fürdősapka
bathroom fürdőszoba
bath salts fürdősó
bathtub fürdőkád
battery elem; *(for car)* akkumulátor
be lenni
beach strand
beans bab; **green beans** zöldbab
beard szakáll
beautiful szép
because mert

become ...-vá/-vé válni; *(see grammar)*
bed ágy; **single/double bed** egyszemélyes/kétszemélyes ágy; **go to bed** lefeküdni
bed linen ágynemű
bedroom hálószoba
bee méh
beef marhahús
beer sör
before előtt
begin kezdeni
beginner kezdő
beginning kezdet
behind mögött
beige drapp
Belgium Belgium
believe hinni
bell harang; *(for door)* csengő
belong ...-é lenni
below alatt
belt öv
bend kanyar
best: the best legjobb
better jobb
between között
bicycle bicikli
big nagy
bikini bikini
bill *(in restaurant)* számla
binding *(ski)* kötés
bird madár
biro *(R)* golyóstoll
birthday születésnap; **happy birthday!** gratulálok születésnapjára!
biscuit sütemény
bit: a little bit egy kicsit
bite falat; *(insect)* csípés
bitter keserű
black fekete
black and white fekete-fehér
blackberry szeder

bladder hólyag
blanket takaró
bleach fehérítő
bleed vérezni
bless: bless you!
  egészségére!
blind vak
blister vízhólyag
blocked eldugult
blond szőke
blood vér
blood group vércsoport
blouse blúz
blow-dry légszárítás
blue kék
boarding pass beszálló
  kártya
boat hajó
body test
Bohemia Csehország
Bohemian cseh
boil főzni
bolt csavar
bolt (verb) bereteszelni
bomb bomba
bone csont; (in fish) szálka
bonnet (car) sapka
book könyv
book (verb) foglalni
bookshop könyvüzlet
boot (shoe) csizma; (car)
  csomagtartó
border határ
boring unalmas
born: I was born in 1963
  1963-ban születtem
borrow kölcsönkérni
boss főnök
both: both of them
  mindketten
bottle üveg
bottle-opener üvegnyitó
bottom (of body, object) fenék;

at the bottom of ...
  ... fenekén
bowl mély tál
box doboz
box office pénztár
boy fiú
boyfriend barát
bra melltartó
bracelet karperec
brake fék
brake (verb) fékezni
brandy konyak
brave bátor
bread kenyér;
  white/wholemeal bread
  fehér/barna kenyér
break eltörni
break down defektet kapni
breakdown (car) defekt;
  (nervous) idegösszeomlás
breakfast reggeli
breast mell
breastfeed szoptatni
breathe lélegezni
brick tégla
bridge (over river) híd
briefcase aktatáska
bring hozni
Britain Nagybritannia
British brit
brochure brosúra
broke: I'm broke egy
  fillérem sincs
broken törött
brooch melltű
broom seprő
brother fivér
brother-in-law sógor
brown barna
bruise zúzódás
brush kefe
Brussels sprouts kelbimbó
bucket vödör

building épület
bulb *(light)* körte
Bulgaria Bulgária
bumper lökhárító
bunk beds emeletes ágy
buoy bólya
burn égési seb
burn *(verb)* égni
bus busz
business üzlet
business trip üzleti út
bus station autóbusz állomás
bus stop buszmegálló
busy elfoglalt
but de
butcher hentes
butter vaj
butterfly pillangó
button gomb
buy venni
by által; **by car** autón

cabbage káposzta
cabin *(ship)* kabin
cable car drótkötélpálya
  kocsi
café kávéház
cagoule viharkabát
cake torta
cake shop cukrászda
calculator számológép
calendar naptár
call hívni
calm down megnyugodni
Calor gas *(R)* butángáz *(R)*
camera *(still)* fényképezőgép;
  (movie) kamera
campbed tábori ágy
camping táborozás

campsite tábor
can konzerv; **I/she**
  can tudni; **can you ...?**
  tudsz ...?; **I can't ...** nem
  tudok ...
Canada Kanada
Canadian kanadai
canal csatorna
cancel törölni
candle gyertya
canoe kenu
cap sapka
capitalism kapitalizmus
captain kapitány
car autó
caravan lakókocsi
caravan site lakókocsi
  parkoló
carburettor karburátor
card kártya; *(business)*
  névjegy
cardboard karton
cardigan kardigán
car driver vezető
care: take care of gondot
  viselni ...-ra/-re; *(see
  grammar)*
careful gondos; **be careful!**
  légy óvatos!
car park autópark
Carpathian Mountains a
  Kárpátok
carpet szőnyeg
car rental autóbérlés
carriage kocsi
carrot sárgarépa
carry vinni
carry-cot csecsemőhordozó
cash: pay cash készpénzben
  fizetni
cash desk pénztár
cash dispenser készpénz
  automata

ENGLISH-HUNGARIAN

cassette kazetta
cassette player kazettás
  magnó
castle vár
cat macska
catch elfogni
cathedral székesegyház
Catholic katolikus
cauliflower karfiol
cause ok
cave barlang
ceiling mennyezet
cemetery temető
centigrade fok Celsius
Central Europe
  Közép-Európa
central heating központi
  fűtés
centre központ
century évszázad
certificate igazolvány
chain lánc
chair szék
chairlift felvonószék
chambermaid szobalány
chance: by chance
  véletlenül
change (small) aprópénz
change (verb) váltani; (clothes)
  tiszta ruha; (trains) átszállni
changeable (weather)
  változékony
charter flight bérelt gép
cheap olcsó
check (verb) ellenőrizni
check-in poggyászt leadni
cheers! egészségére!
cheese sajt
chemist patika
cheque csekk
cheque book csekk-könyv
cheque card csekk kártya
cherry cseresznye

chest mell
chestnut gesztenye
chewing gum rágógumi
chicken csirke; (meat)
  csirkehús
child gyerek
children's portion
  gyermekadag
chin áll
chips hasábburgonya
chocolate csokoládé; milk
  chocolate tejcsokoládé;
  plain chocolate keserű
  csokoládé; hot chocolate
  forró csokoládé
choke (on car) szivató
choose választani
chop (meat) szelet
Christian name keresztnév
Christmas Karácsony
church templom
cider almabor
cigar szivar
cigarette cigaretta
cinema mozi
city város
city centre város központ
class osztály; first class első
  osztály; second class
  második osztály
classical music klasszikus
  zene
clean (adjective) tiszta
clean (verb) tisztítani
cleansing cream
  arcbőrtisztító krém
clear (obvious) világos
clever okos
cliff szikla
climate éghajlat
cloakroom (coats) ruhatár
clock óra
close (verb) bezárni

closed zárva
closet *(US)* szekrény
clothes ruha
clothes peg ruhaszárító csipesz
cloud felhő
cloudy felhős
club klub
clutch kuplung
coach kocsi
coat kabát
coathanger ruha akasztó
cockroach svábbogár
cocktail koktél
cocoa kakaó
coffee kávé; **white coffee** tejeskávé
cold hideg; *(illness)* nátha; **I've got a cold** meg vagyok fázva
cold cream hidegkrém
collar gallér
collect call R-beszélgetés
collection gyűjtemény
colour szín
colour film színes film
comb fésű
come jönni; **come back** visszajönni; **come in!** szabad!
comfortable kényelmes
communism kommunizmus
compact disc kompakt lemez
company társaság
compartment fülke
compass iránytű
complain panaszkodni
complicated bonyolult
compliment bók
computer számítógép
concert hangverseny
conditioner hajkondicionáló
condom óvszer

conductor *(bus)* kalauz
confirm megerősíteni
congratulations! gratulálok!
connection kapcsolat
constipated székrekedéses
consulate konzulátus
contact *(verb)* érintkezésbe lépni ...-val/-vel; *(see grammar)*
contact lenses kontaktlencse
contraceptive fogamzásgátló
cook szakács
cook *(verb)* főzni
cooker tűzhely
cooking utensils edények
cool hűvös
corkscrew dugóhúzó
corner sarok
correct helyes
corridor folyosó
cosmetics kozmetikai szerek
cost ...-ba/-be kerülni; *(see grammar)*
cot kiságy
cotton gyapot
cotton wool vatta
couchette kusett
cough köhögés
cough *(verb)* köhögni
country ország
countryside vidék
course: of course persze
cousin unokatestvér
cow tehén
crafts kézműipar
cramp görcs
crankshaft főtengely
crash karambol
cream tejszín
cream puff tejszínes sütemény
credit card kreditkártya

crew legénység
crisps hasábburgonya
Croatia Horvátország
Croatian horvát
crockery asztali edények
cross *(verb)* átkelni ...-n
crowd tömeg
crowded zsúfolt
cruise hajókirándulás
crutches mankó
cry sírni
cucumber uborka
cup csésze
cupboard szekrény
curtain függöny
custom szokás
customs vám
cut *(verb)* vágni
cutlery evőeszközök
cycling kerékpározás
cyclist kerékpáros
cylinder head gasket
  hengerfej tömítés
Czechoslovakia
  Csehszlovákia
Czechoslovakian
  csehszlovák

dad apu
damage *(verb)* megrongálni
damp nedves
dance *(verb)* táncolni
danger veszély
dangerous veszélyes
Danube duna
dare merni
dark sötét
dashboard műszerfal
date *(time)* dátum

daughter lány
daughter-in-law meny
day nap; **the day before
  yesterday** tegnapelőtt; **the
  day after tomorrow**
  holnaputón
dead halott
deaf süket
dear drága
death halál
decaffeinated koffeinmentes
December december
decide elhatározni
deck fedélzet
deck chair nyugágy deep
delay késés
deliberately szándékosan
delicious finom
demand követelni
dentist fogorvos
dentures hamis fogsor
deodorant szagtalanító
department store áruház
departure indulás
depend: **it depends!** attól
  függ!
depressed levert
dessert édesség
develop *(film)* előhívni
device szerkezet
diabetic cukorbeteg
dialect tájszólás
dialling code telefon
  kódszám
diamond gyémánt
diarrhoea hasmenés
diary naptár
dictionary szótár
die meghalni
diesel *(fuel)* diesel olaj
diet étrend
different különböző
difficult nehéz

ENGLISH-HUNGARIAN

dining car étkező kocsi
dining room ebédlő
dinner vacsora; **have dinner**
  vacsorázni
direct közvetlen
direction irány
directory enquiries
  tudakozó
dirty piszkos
disabled rokkant
disappear eltűnni
disappointed csalódott
disaster szerencsétlenség
disco diszko
disease betegség
disgusting undorító
disinfectant fertőtlenítő
distance távolság
distributor elosztó
district *(in town)* kerület
disturb zavarni
dive ugrani
divorced elvált
do tenni; **that'll do nicely** ez
  jó lesz
doctor doktor
document irat
dog kutya
doll baba
dollar dollár
door ajtó
double kettős
double room kétágyas szoba
down: I feel a bit down nem
  jól érzem magam; **down
  there** odalenn
downstairs lenn
draught huzat
dream álom
dress ruha
dress *(someone)* öltöztetni;
  (oneself) öltözködni
dressing gown hálókabát

drink ital
drink *(verb)* inni
drinking water ivóvíz
drive vezetni
driver vezető
driving licence jogosítvány
drop csepp
drop *(verb)* ejteni
drug *(narcotic)* kábítószer
drugstore patika
drunk részeg
dry száraz
dry *(verb)* szárítani
dry-cleaner vegytisztító
duck kacsa
durex *(R)* óvszer
during alatt
dustbin szemétláda
duty-free vámmentes
duty-free shop vámmentes
  üzlet

each minden
ear fül
early korai; *(too early)* korán
earrings fülbevaló
earth föld
east Kelet; **east of** Keletre
  ...-tól/-től; *(see grammar)*
Easter Húsvét
Eastern Europe Kelet-Európa
easy könnyű
eat enni
egg tojás; **boiled egg** főtt
  tojás; **hard-boiled egg**
  keménytojás
egg cup tojás tartó
either ... or ... vagy ...
  vagy ...

elastic rugalmas
Elastoplast *(R)* ragtapasz
elbow könyök
electric elektromos
electricity villamosság
elevator felvonó;
else: something else valami
  más
elsewhere máshol
embarrassing kínos
embassy nagykövetség
emergency vészhelyzet
emergency exit vészkijárat
empty üres
end vég
engaged *(toilet)* foglalt;
  (phone) mással beszél;
  (to be married) el van
  jegyezve
engine motor
engine *(train)* mozdony
England Anglia
English angol; **the English**
  az angolok
English girl/woman angol
  lány/asszony
Englishman egy angol
enlargement nagyítás
enough elég; **that's enough**
  elég lesz
enter belépni
entrance bejárat
envelope boríték
epileptic epilepsziás
especially kivált
Eurocheque eurocsekk
Europe Európa
European európai
even: even men még férfiak
  is; **even more beautiful**
  még szebb; **even if you tell
  me ...** még akkor is, ha azt
  mondod ...

evening este; **good evening**
  jó estét
every minden; **every time**
  minden alkalommal
everyone mindenki
everything minden
everywhere mindenütt
exaggerate túlozni
example példa; **for example**
  például
excellent kitűnő
except kivéve
excess baggage poggyász
  túlsúly
exchange beváltás
exchange rate
  valutaárfolyam
exciting izgalmas
excuse me bocsánat
exhaust kipufogó
exhibition kiállítás
exit kijárat
expensive drága
explain megmagyarázni
extension lead hosszabbító
  huzal
eye szem
eyebrow szemöldök
eyeliner kihúzó ceruza
eye shadow szemhéjfestő
  ceruza

face arc
factory gyár
faint *(verb)* elájulni
fair *(funfair)* vásár
fair *(adjective)* igazságos
fall esni
false hamis

family család
famous híres
fan ventillátor
fan belt ventillátorszíj
far (away) messze
farm gazdaság
farmer gazda
fashion divat
fashionable divatos
fast gyors
fat *(on meat)* zsír
fat *(adjective)* kövér
father apa
father-in-law após
faucet *(US)* csap
fault: it's my/his fault az én hibám
faulty hibás
favourite kedvenc
fear félelem
February február
fed up: I'm fed up (with) elegem van ...-ból/-ből; *(see grammar)*
feel érezni; **I feel well/unwell** jól/rosszul érzem magam; **I feel like ...** ...-hoz/-hez/-höz van kedvem; *(see grammar)*
feeling érzés
felt-tip pen filc toll
feminist feminista
fence kerítés
ferry *(boat)* révhajó; *(service)* rév
fever láz
few: few tourists kevés túrista; **a few** néhányan; **a few ...** néhány ...
fiancé/fiancée vőlegény/menyasszony
field mező
fight verekedés

fight *(verb)* verekedni
fill tölteni
fillet filé
filling *(tooth)* tömés
film film
filter szűrő
find találni
fine bírság
fine *(weather)* jó
finger ujj
fingernail köröm
finish befejezni
fire tűz
fire brigade tűzoltóság
fire extinguisher tűzoltó szerkezet
fireworks tüzijáték
first első; *(firstly)* előszöris
first class első osztály
first floor első emelet
first name keresztnév
first aid elsősegély
fish hal
fishbone szálka
Fishermen's Bastion Halászbástya
fishing halászat
fishmonger halas
fit *(healthy)* egészséges
fizzy pezsgő
flag zászló
flash villanás
flat *(appartment)* lakás
flat *(level)* lapos; *(tyre)* defektes
flavour íz
flea bolha
flight repülés
flirt flört
floor *(of room)* padló; *(storey)* emelet
florist virágüzlet
flour liszt

flower virág
flu influenza
fly légy
fly *(verb)* repülni
fog köd
folk music népzene
follow követni
food étel
food poisoning ételmérgezés
foot lábfej; **on foot** gyalog
football labdarúgás
for ... ...-ért
forbidden tilos
forehead homlok
foreign külföldi
foreigner külföldi
forest erdő
forget elfelejteni
fork villa; *(in road)* elágazás
form űrlap
fortnight két hét
fortunately szerencsére
forward *(mail)* továbbítani
foundation cream alapozó
krém
fountain forrás
fracture törés
France Franciaország
free szabad; *(of charge)*
ingyenes
free market szabad piac
freezer mélyhűtő
French fries hasábburgonya
fresh friss
Friday péntek
fridge hűtőszekrény
friend barát
**from: from Budapest to
London** Budapestről
Londonba; *(see grammar)*
front *(part)* ...-nak/-nek elején
(see grammar); **in front of ...**
... előtt

frost fagy
frozen *(food)* fagyasztott
fruit gyümölcs
fry sütni
frying pan serpenyő
full teli
full board teljes ellátás
fun: have fun szórakozni
funeral temetés
funnel *(for pouring)* tölcsér
funny *(strange)* különös;
(amusing) mulatságos
furious dühös
furniture bútor
further távolabb
fuse biztosíték
future jövő

game *(to play)* játék; *(meat)*
vad
garage *(shelter)* garázs; *(for
petrol)* benzinkút; *(for repairs)*
javítóműhely
garden kert
garlic fokhagyma
gas gáz; *(gasoline)* benzin
gas permeable lenses
gázáteresztő lencse
gate *(airport)* beszállóhely
gauge mérce
gay homoszexuális
gear sebesség
gearbox sebességváltóház
gear lever sebességváltókar
Gellert Hill Gellérthegy
gentleman úr
gents *(toilet)* urak
genuine igazi
German német

ENGLISH-HUNGARIAN

Germany Németország
get kapni; **can you tell me how to get to ...?** meg tudná mondani ...?; **get back** *(return)* visszatérni; **get in** *(car)* beszállni; **get off** kiszállni; **get up** felkelni; **get out!** mars ki!
gin gin
gin and tonic gin és tonic
girl lány
girlfriend barátnő
give adni; **give back** visszaadni
glad boldog
glass *(for drinking)* pohár; *(material)* üveg
glasses szemüveg
gloves kesztyű
glue ragasztó
go menni; **go in** bemenni; **go out** kimenni; **go down** lemenni; **go up** felmenni; **go through** átmenni; **go away** elmenni; **go away!** menj innen!
goat kecske
God Isten
gold arany
golf golf
good jó; **good!** nagyon jó!
goodbye viszontlátásra
goose liba
got: have you got ...? van magának ...
government kormány
grammar nyelvtan
grandfather nagyapa
grandmother nagyanya
grapefruit citrancs
grapes szőlő
grass fű

grateful hálás
Great Britain Nagy-Britannia
Great Plains az Alföld
greasy zsíros
Greece Görögország
green zöld
greengrocer zöldséges
grey szürke
grilled rostonsült
grocer fűszerüzlet
ground floor földszint
group csoport
guarantee garancia
guest vendég
guesthouse penzió
guide *(person)* kalauz
guidebook útikönyv
guitar gitár
gun *(pistol)* pisztoly; *(rifle)* puska
gypsy cigány
gypsy band cigányzenekar
gypsy music cigányzene

habit szokás
hail *(ice)* jégeső
hair haj
haircut hajvágás
hairdresser fodrász
hair dryer hajszárító
hair spray hajlakk
half fél; **half a litre/day** fél liter/félnap; **half an hour** félóra
half board félpenzió
ham sonka
hamburger hamburger
hammer kalapács

67

ENGLISH-HUNGARIAN

hand kéz
handbag kézitáska
handbrake kézifék
handkerchief zsebkendő
handle nyél
hand luggage kézipoggyász
handsome csinos
hanger akasztó
hangover macskajaj
happen történni
happy boldog; **happy Christmas!** kellemes karácsonyi ünnepeket!; **happy New Year!** boldog újévet!
harbour kikötő
hard kemény
hard lenses merev lencse
hat kalap
hate utálni
have: I have to ... ...-nom/-nem kell; *(see grammar)*
hay fever szénanátha
hazelnut mogyoró
he ő; *(see grammar)*
head fej
headache fejfájás
headlights országúti lámpa
health egészség
healthy egészséges
hear hallani
hearing aid hallókészülék
heart szív
heart attack szívroham
heat hő
heater radiátor
heating fűtés
heavy nehéz
heel sarok
helicopter helikopter
hello *(to one person)* szervusz; *(to more than one person)* szervusztok

help segítség; **help!** segítség!
help *(verb)* segíteni
her *(possessive)* az ő ...-ja/-je/-i; *(object)* őt; *(see grammar)*
herbs gyógyfű
here itt; **here is/are** itt van/vannak
Heroes Square Hősök Tere
hers az övé; *(see grammar)*
hiccups csuklás
hide elrejteni
high magas
highway code közlekedési szabályok
hill domb
him őt; *(see grammar)*
hip csípő
hire: for hire bérelhető
his az ő ...-ja/-je/-i; **it's his** az övé; *(see grammar)*
history tör
hit ütni
hitchhike autstoppal utazni
hitchhiking utazás autóstoppal
hobby hobby
hold tartani
hole lyuk
holiday szabadság; *(public)* ünnepnap; **summer holidays** nyári vakáció
Holland Hollandia
home: at home otthon; **go home** hazamenni
homemade házi
homesick: I'm homesick honvágyam van
honest becsületes
honey méz
honeymoon nászút
hood *(US: car)* sapka
hoover *(R)* porszívó
hope remélni

horn kürt
horrible borzalmas
horse ló
horse-riding lovaglás
hospital kórház
hospitality vendégszeretet
hot forró; (spicy) csípős
hotel szálloda
hot-water bottle melegvizes
  palack
hour óra
house ház
house wine házi bor
how? hogy?; how are you?
  hogy van?; how are
  things? mi újság?; how
  many? hány?; how much?
  mennyi?
humour kedv
Hungarian (adjective,
  language) magyar; the
  Hungarians a magyarok
Hungarian girl/woman
  magyar lány/nő
Hungarian man magyar
Hungary Magyarország
hungry: I'm hungry éhes
  vagyok
hurry (verb) sietni; hurry up!
  siessen!
hurt fájni
husband férj

I én; (see grammar)
ice jég
ice cream fagylalt
ice lolly nyalóka
idea ötlet
idiot bolond

if ha
ignition gyújtás
ill beteg
immediately azonnal
important fontos
impossible lehetetlen
improve javulni
in ...-ban/-ben; in London
  Londonban; in Hungary
  Magyarországon; in
  Hungarian magyarul; in
  1945 1945-ben; is he in?
  otthon van?; (see grammar)
included beleértve
incredible hihetetlen
independent független
indicator (car) index
indigestion emésztési zavar
industry ipar
infection fertőzés
information felvilágosítás
information desk információ
injection injekció
injured sérült
inner tube belső
innocent ártatlan
insect rovar
insect repellent rovarirtó
inside belső
insomnia álmatlanság
instant coffee azonnal
  oldódó kávépor
instructor oktató
insurance biztosítás
intelligent értelmes
interesting érdekes
introduce bemutatni
invitation meghívás
invite meghívni
Ireland Írország
Irish ír
iron (metal) vas; (for clothes)
  vasaló

iron *(verb)* vasalni
ironmonger vaskereskedés
island sziget
it *(that)* az; *(this)* ez; **it is ...**
  az/ez ...
Italy Olaszország
itch viszketés
IUD hüvelysapka

keep megtartani
kettle teáskanna
key kulcs
kidneys vese
kill ölni
kilo kiló
kilometre kilométer
kind kedves
king király
kiss csók
kiss *(verb)* csókolni
kitchen konyha
knee térd
knife kés
knit kötni
knock over *(upset)*
  felborítani; *(car)* elütni
know tudni; *(person)* ismerni;
  I don't know nem tudom

jack *(car)* emelő
jacket zakó
jam lekvár
January január
jaw állkapocs
jazz dzsessz
jealous féltékeny
jeans farmernadrág
jeweller ékszerüzlet
jewellery ékszer
Jewish zsidó
job *(employment)* állás; *(task)*
  munka
jogging kocogás; **go
  jogging** kocogni
joke vicc
journey utazás
jug korsó
juice lé
July július
jump ugrani
jumper pullóver
junction csatlakozás
June június
just: just two csak

label címke
ladder létra
ladies (room) *(toilet)* női W.C.
lady hölgy
lager világos sör
lake tó
lamb bárány
lamp lámpa
land *(verb: plane)* leszállni
landscape táj; *(painting)*
  tájkép
language nyelv
language school nyelviskola
large nagy
last utolsó; **at last** végre;

last year tavaly
late késő; **arrive/be late** elkésni
laugh nevetni
launderette önkiszolgáló mosoda
laundry *(to wash)* szennyes; *(place)* mosoda
law törvény
lawn gyep
lawyer ügyvéd
laxative hashajtó
lazy lusta
leaf levél
leaflet röpirat
leak lék
learn tanulni
least: at least legalább
leather bőr
leave elhagyni; *(go away)* elmenni; *(forget)* elfelejteni
left bal; **on the left (of)** baloldalt
left-handed balkezes
left luggage megőrzőben hagyott poggyász
leg láb
lemon citrom
lemonade lemonádé
lemon tea citromos tea
lend kölcsönadni
length hossz
lens lencse
less kevesebb
lesson lecke
let *(allow)* hagyni
letter levél
letterbox postaláda
lettuce saláta
level crossing vasúti átjáró
library könyvtár
licence *(driving)* engedély; *(business)* licenc

lid fedő
lie *(say untruth)* hazudni
lie down lefeküdni
life élet
lift *(elevator)* felvonó; **give a lift to** kocsira felvenni valakit
light lámpa; **have you got a light?** van tüze?
light *(adjective)* könnyű leger; **light blue** világoskék
light *(verb)* meggyújtani
light bulb körte
lighter öngyújtó
lighthouse világító torony
light meter fénymérő
like *(verb)* kedvelni; **I'd like** szeretnék
like *(as)* mint
lip ajak
lipstick rúzs
liqueur likőr
list lista
listen (to) hallgatni ...-t
litre liter
litter szemét
little kicsi; **a little bit (of)** egy kicsit
live *(in town etc)* lakni
liver máj
living room nappali
lock zár
lock *(verb)* kulcsra zárni
lollipop nyalóka
London London
long hosszú; **a long time** soká
look: look (at) nézni; *(seem)* látszani; **look like** hasonlítani ...-hoz/-hez/-höz; *(see grammar)*; **look for** keresni; **look out!** vigyázat!

lorry teherautó
lose elveszteni
lost property office talált
 tárgyak
lot: a lot (of) sok
loud hangos
lounge szalon
love szerelem; make love
 szeretkezni
love (verb) szeretni
lovely szép
low alacsony
luck szerencse; good luck!
 sok szerencsét!
luggage poggyász
lukewarm langyos
lunch ebéd
lungs tüdő

macho macho
mad őrült
Madam Asszonyom
magazine folyóirat
maiden name lánynév
mail posta
main fő
make csinálni
make-up arcszínező
man férfi
manager ügyvezető
many sok; many ... sok ...
map térkép
March március
margarine margarin
market piac
marmalade marmaládé
married házas
mascara arcfesték
mass mise

match (light) gyufa; (sport)
 mérkőzés
material anyag
matter: it doesn't matter
 nem baj
mattress matrac
May május
maybe talán
mayonnaise majonéz
me engem; for me értem; me
 too én is; (see grammar)
meal étkezés; enjoy your
 meal! jó étvágyat!
mean (verb) jelenteni
measles kanyaró; German
 measles rubeola
meat hús
mechanic szerelő
medicine (drug) orvosság
medium (steak) közepesen
 kisütve
medium-sized közepes
 nagyságú
meet találkozni
meeting (with several people)
 értekezlet; (with one person)
 találkozó
melon dinnye
mend megjavítani
men's room (US) urak
menu étlap; set menu
 meghatározott menü
mess rendetlenség
message üzenet
metal fém
meter/metre méter
midday dél
middle közép
midnight éjfél
milk tej
minced meat darált hús
mind: do you mind if I ...?
 nem bánod, ha ...?

mine az enyém; *(see grammar)*
mineral water ásványvíz
minute perc
mirror tükör
Miss kisasszony
miss *(train etc)* lekésni; **I miss you** hiányzol nekem
mistake tévedés
misunderstanding félreértés
mix keverni
modern korszerű
moisturizer hidratáló
Monday hétfő
money pénz
month hónap
monument emlékmű
mood kedv
moon hold
moped moped
more több; **no more ...** vége a ...-nak/-nek; *(see grammar)*
morning reggel; **good morning** jó reggelt
mosquito szúnyog
most (of) a legtöbb
mother anya
mother-in-law anyós
motorbike motorbicikli
motorboat motorcsónak
motorway autópálya
mountain hegy
mouse egér
moustache bajusz
mouth száj
move *(change position)* mozogni
movie film
movie theater *(US)* mozi
Mr úr; **Mr Smith** Smith úr
Mrs ...-né; **Mrs Bartók** Bartókné
much sok; **not much time** nincs sok idő

mum anyu
muscle izom
museum múzeum
mushrooms gomba
music zene
musical instrument hangszer
must: I must ...-om/-em kell; *(see grammar)*; **you must not ...** nem szabad ...
mustard mustár
my az én ...-m/-im; *(see grammar)*

nail *(finger)* köröm; *(in wall)* szög
nail clippers körömvágó
nailfile körömreszelő
nail polish körömlakk
nail polish remover körömlakk tisztító
naked meztelen
name név; **what's your name?** hogy hívják?; **my name is Jim** Jim vagyok
napkin asztalkendő
nappy pelenka
nappy-liners pelenka bélelő
narrow keskeny
nationality állampolgárság
natural természetes
nature természet
near közel; **near here** nem messze innen; **the nearest ...** a legközelebbi ...
nearly majdnem
necessary szükséges
neck nyak

necklace nyaklánc
need: I need ... ...-ra/-re van szükségem; *(see grammar)*
needle tű
negative *(film)* negatív
neighbour szomszéd
neither ... nor ... sem ... sem ...
nephew unokaöccs
nervous ideges
neurotic neurotikus
never soha
new új; *(brand-new)* vadonat új
news *(TV etc)* hírek; *(recent information)* újság
newsagent újságárus
newspaper újság
New Year Újév
New Year's Eve Szilveszter este
next jövő; *(following)* következő; **next to** mellett; **next year** jövőre
nice *(person)* rokonszenves; *(place)* kellemes; *(food)* jóízű
nickname becenév
niece unokahúg
night éjszaka; **good night** jó éjszakát
nightclub éjjeli mulató
nightdress haloing
nightmare rémálom
no nem; **no ...** tilos a ...
nobody senki
noise zaj
noisy zajos
non-smoking nem dohányzók
normal normális
north Észak; **north of** Északra ...- tól/-től; *(see grammar)*

Northern Ireland Északírország
nose orr
not nem; **I'm not tired** nem vagyok fáradt
note *(money)* bankjegy
notebook notesz
nothing semmi
novel regény
November november
now most
nowhere sehol
number *(house, phone)* szám
number plate számtábla
nurse ápolónő *(woman)*; ápoló *(man)*
nut *(to eat)* dió; *(for bolt)* anyacsavar

obnoxious elviselhetetlen
obvious nyilvánvaló
October október
of *(see grammar)*
off *(lights)* kikapcsolva
offend bosszantani
offer *(verb)* ajánlani
office hivatal
off-licence alkohol árusításra jogosult
often gyakran
oil olaj
ointment kenőcs
OK jó; **I'm OK** jól vagyok
old öreg; **how old are you?** hány éves?; **I'm 25 years old** 25 éves vagyok
old-age pensioner nyugdíjas
olive oil olivaolaj
omelette omlet

ENGLISH-HUNGARIAN

on ...-on/-en/-ön; *(see grammar)*
on *(lights)* bekapcsolva
once egyszer
one egy
onion hagyma
only csak
open *(adjective)* nyitott
open *(verb)* kinyitni
opera opera
operation műtét
opposite ellenkező; **opposite the church** a templommal szemben
optician optikus
optimistic derűlátó
or vagy
orange *(fruit)* narancs
orange *(colour)* narancssárga
orchestra zenekar
order rendelni
organize szervezni
other másik
otherwise különben
our a mi ...-unk/-ünk/-aink/-eink; *(see grammar)*
ours: **it's ours** a miénk; *(see grammar)*
out: **she's out** távol van
outside kívül
oven sütő
over *(above)* fölött; *(finished)* kész; **over there** ott
overdone túlfőtt
overtake megelőzni
owner tulajdonos

pack *(verb)* csomagolni
package csomag

package tour társasutazás
packed lunch becsomagolt ebéd
packet csomag
page oldal
pain fájdalom
painful fájdalmas
painkiller fájdalomcsillapító
paint festék
paint *(verb)* festeni
paint brush ecset
painting festmény
pair pár
palace palota
pancake palacsinta
panic pánik
panties bugyi
pants *(US)* nadrág
paper papír
parcel csomag
pardon? tessék?
parents szülők
park park
park *(verb)* parkolni
parking lot *(US)* autópark
part rész
party *(celebration)* vendégség; *(group)* csoport
pass *(mountain)* hágó
passenger utas
passport útlevél
pasta főtt tészta
pâté pástétom
path ösvény
pavement járda
pay fizetni
peach őszibarack
peanuts amerikai mogyoró
pear körte
peas borsó
pedal pedál
pedestrian gyalogjáró

ENGLISH-HUNGARIAN

pedestrian crossing
gyalogos átkelőhely
pedestrian precinct gyalog-
járóknak fenntartott utca
pen toll
pencil ceruza
pencil sharpener
ceruzahegyező
penicillin penicillin
penis hímvessző
penknife zsebkés
people emberek
pepper *(spice)* bors; *(vegetable)*
paprika
per: per week hetenként;
per cent százalék
perfect tökéletes
perfume parfüm
period időszak; *(woman's)*
menstruáció
perm tartóshullám
person személy
petrol benzin
petrol station benzinkút
phone *(verb)* telefonálni
phone book telefonkönyv
phone box telefonfülke
phone number telefonszám
photograph fénykép
photograph *(verb)*
fényképezni
photographer fényképész
phrase book nyelvkönyv
pickpocket zsebtolvaj
picnic piknik
pie *(fruit)* pite
piece darab
pig disznó
piles aranyér
pill pilula
pillow párna
pilot pilóta
pin gombostű

pineapple ananász
pink rózsaszín
pipe cső; *(to smoke)* pipa
pity: it's a pity kár
pizza pizza
plane repülőgép
plant növény
plastic műanyag
plastic bag műanyag zacskó
plate tányér
platform *(station)* peron
play *(theatre)* színdarab
play *(verb)* játszani
pleasant kellemes
please kérem
pleased elégedett; **pleased
to meet you!** van
szerencsém!
pliers fogó
plug dugó
plum szilva
plumber vízvezetékszerelő
p.m.: 3 p.m. délután 3 óra;
11 p.m. éjjel 11 óra
pneumonia tüdőgyulladás
pocket zseb
poison méreg
Poland Lengyelország
police rendőrség
policeman rendőr
police station rendőr
őrszoba
polite udvarias
political politikai
politics politika
polluted szennyezett
pond tó
pony póni
poor szegény
pop music popzene
pork sertéshús
port *(drink)* portói
porter *(hotel)* portás

ENGLISH-HUNGARIAN

possible lehetséges
post *(verb)* feladni
postcard levelezőlap
poster *(for room)* poszter; *(in street)* falragasz
postman postás
post office posta
potato burgonya
poultry szárnyas
pound font
power cut áramszünet
practical praktikus
pram gyerekkocsi
prefer jobban szeretni
pregnant terhes
prepare elkészíteni
prescription recept
present *(gift)* ajándék
pretty csinos; **pretty good** egész jó
pricc ár
priest pap
prince herceg
princess hercegnő
printed matter nyomtatvány
prison börtön
private magán
probably valószínűleg
problem probléma
programme *(radio etc)* műsor; *(schedule)* program
prohibited tilos
promise *(verb)* megígérni
pronounce kiejteni
protect védelmezni
Protestant protestáns
proud büszke
public közönség
pull húzni
pump szivattyú
puncture gumidefekt
punk punk
purple lila

purse erszény
push tolni
pushchair sportkocsi
put tenni
pyjamas pizsama

quality minőség
quarter negyed
quay móló
queen királynő
question kérdés
queue sor
queue *(verb)* sorbaállni
quick gyors
quickly gyorsan
quiet nyugodt; **quiet!** csendet kérünk!
quilt dunyha
quite egészen

rabbit nyúl
radiator fűtőtest
radio rádió
railway vasút
rain eső
rain *(verb)* esni; **it's raining** esik
rainbow szivárvány
raincoat esőkabát
rape megerőszakolás
rare ritka; *(steak)* véres
raspberry málna
rat patkány
rather inkább
raw nyers

77

razor borotva
razor blade borotva penge
read olvasni
ready kész
really valóban
rear lights hátsólámpa
rearview mirror
   visszapillantó tükör
receipt nyugta
receive kapni; fogadni
reception *(hotel)* recepció
receptionist portás
recipe recept
recognize felismerni
recommend ajánlani
record hanglemez
record player lemezjátszó
record shop hanglemezbolt
red vörös
red-headed vöröshajú
refund *(verb)* megtéríteni
relax pihenni
religion vallás
remember emlékezni; **I**
   remember emlékszem
rent bér
rent *(verb)* bérelni
repair *(verb)* megjavítani
repeat ismételni
reservation foglalás
reserve foglalni
responsible felelős
rest *(remaining)* a többi; **take**
   a rest lepihenni
rest *(verb)* pihenni
restaurant vendéglő
restroom *(US)* W.C.
return ticket menettérti jegy
reverse gear hátráló
   sebesség
rheumatism reuma
rib borda
rice rizs

rich gazdag; *(food)* nehéz
ridiculous nevetséges
riding lovaglás
riding school lovaglóiskola
right *(side)* jobb; **on the right**
   (of) jobboldalt; *(correct)*
   helyes
right of way elsőbbség
ring *(on finger)* gyűrű
ring *(verb: phone)* felhívni
ripe érett
river folyó
road *(main)* út; *(smaller)* utca
roadsign útjelző tábla
roadworks útépítés
rock szikla
rock climbing alpinizmus
rock music rock zene
roll zsemle
Romania Románia
Romanian román
roof tető
roof rack tető csomagtartó
room szoba
rope kötél
rose rózsa
rotten rothadt
round *(circular)* kerek
roundabout körbehajtás
route útvonal
rowing boat evezős csónak
rubber gumi; *(eraser)* radír
rubber band gumiszalag
rubbish szemét
rucksack hátizsák
rude goromba
rug szőnyeg
ruins romok
rum rum
run futni
Russia Oroszország
Russian orosz

ENGLISH-HUNGARIAN

S

sad szomorú
safe széf
safety pin biztosítótű
sailboard surf
sailing vitorlázás
sailing boat vitorlás csónak
salad saláta
salad dressing saláta öntet
sale eladás; *(reduced price)*
  kiárúsítás; **for sale** eladó
salmon lazac
salt só
salty sós
same ugyanaz
sand homok
sandals szandál
sandwich szendvics
sanitary towel egészségügyi
  tampon
sardine szardínia
Saturday szombat
sauce mártás
saucepan lábas
saucer kistányér
sauna szauna
sausage kolbász
savoury sós
say mondani
scarf *(neck)* sál; *(head)*
  fejkendő
scenery táj
school iskola
science tudomány
scissors olló
Scotland Skócia
Scottish skót
scrambled eggs rántotta
scream sikoltani
screw csavar

screwdriver csavarhúzó
sea tenger
season évszak; **in the high
  season** a főszezonban
seat ülés
seat *(place)* hely
seat belt biztonsági öv
second *(in time)* másodperc
second-hand használt
secret titok
see látni; **see you tomorrow**
  viszontlátásra holnap
self-service önkiszolgálás
self-catering flat/cottage
  bérlakás/villa
sell eladni
sellotape *(R)* ragasztószalag
send küldeni
sensible okos
sensitive érzékeny
separate(ly) külön
September szeptember
Serbia Szerbia
Serbian szerb
serious komoly
serve szolgálni
service szolgálat
service charge kiszolgálás
serviette szalvéta
several több
sew varrni
sex nem
sexy nemileg vonzó
shade árnyék; **in the shade**
  az árnyékban
shampoo sampon
share *(verb)* megosztani
shave *(verb)* borotválkozni
shaving brush borotva ecset
shaving foam borotvahab
she ő; *(see grammar)*
sheep birka
sheet lepedő

79

ship hajó
shirt ing
shock sokk
shock-absorber lökésgátló
shocking botrányos
shoe laces cipőfűző
shoe polish cipőkrém
shoe repairer cipész
shoes cipő
shop üzlet
shopping vásárlás; go shopping vásárolni
shopping bag bevásárló szatyor
shopping centre bevásárló központ
shore part
short rövid
shortcut rövide vágott haj
shorts térdnadrág
shortsighted rövidlátó
shoulder váll
shout kiabálni
show (verb) mutatni
shower zuhany; (rain) zápor
shutter (photo) zár
shutters (window) redőny
shy félénk
sick: I'm going to be sick hánynom kell
side oldal
sidelights városi lámpa
sidewalk (US) járda
sign (verb) aláírni
silence csend
silk selyem
silver ezüst
silver foil ezüstpapír
similar hasonló
simple egyszerű
since ... (time) ... óta
sincere őszinte
sing énekelni

single (unmarried) egyedülálló
single ticket közönséges jegy
sink mosogató
sink (verb) süllyedni
Sir uram
sister nővér
sister-in-law sógornő
sit down leülni
size méret
ski sí
ski (verb) síelni
ski boots sícipő
skid csúszni
skiing sízés
ski-lift sílift
skin bőr
skin cleanser bőrtisztító krém
skin-diving buvárúszás
skinny vézna
skirt szoknya
ski slope lesikló pálya
skull koponya
sky ég
sleep aludni
sleeper hálókocsi
sleeping bag hálózsák
sleeping pill altató
sleepy: I'm sleepy álmos
slice szelet
slide (phot) diapozitív
slim karcsú
slippers papucs
slippery csúszós
Slovakia Szlovákia
Slovakian szlovák
slow lassú
slowly lassan
small kicsi
smell szag; (nice) illat
smell (verb) szagolni

smile mosoly
smile *(verb)* mosolyogni
smoke füst
smoke *(verb)* dohányozni
smoking *(compartment etc)* dohányzó
snack harapnivaló
snail csiga
snake kígyó
sneeze tüsszenteni
snore horkolni
snow hó
so olyan; **so beautiful/big** olyan szép/nagy
soaking solution áztató oldat
soap szappan
society társaság
socket konnektor
socks zokni
soft puha
soft drink alkoholmentes ital
soft lenses lágy lencse
sole *(of shoe)* talp
some néhány; **some wine/ flour** egy kis bor/liszt; **some biscuits** egy pár sütemény
somebody valaki
something valami
sometimes néha
somewhere valahol
son fia; **this is my son** ez a fiam
song dal
son-in-law vő
soon hamar
sore: I've got a sore throat fáj a torkom
sorry elnézést; **I'm sorry** bocsánatot kérek
soup leves
sour savanyú

south Dél; **south of** Délre ...-tól/-től; *(see grammar)*
souvenir emléktárgy
Soviet szovjet
Soviet Union Szovjetúnió
spa gyógyfürdőhely
spade ásó
Spain Spanyolország
spanner franciakulcs
spare parts pótalkatrész
spare tyre pótkerék
spark plug gyújtógyertya
speak beszélni; **do you speak ...?** beszél ...-ul/-ül?; *(see grammar)*
speciality különlegesség
speed sebesség
speed limit sebességhatár
speedometer kilométeróra
spend elkölteni
spice fűszer
spider pók
spinach spenót
spoke küllő
spoon kanál
sport sport
spot *(on skin)* pattanás
sprain: I've sprained my ankle kificamítottam a bokámat
spring *(season)* tavasz; *(in seat etc)* rúgó
square *(in town)* tér
store üzlet
stain folt
stairs lépcső
stamp bélyeg
stand: I can't stand cheese ki nem állhatom a sajtot
star csillag
starter *(food)* előétel
state állam
state-run állami

ENGLISH-HUNGARIAN

station állomás; *(main)*
pályaudvar
stationer papírüzlet
stay tartózkodás
stay *(remain)* maradni; *(in
hotel etc)* megszállni
steak szték
steal lopni
steamer gőzhajó
steep meredek
steering kormánymű
steering wheel
kormánykerék
stepfather mostoha apa
stepmother mostoha anya
steward szolga
stewardess légikisasszony
still *(adverb)* még
sting *(noun)* megszúr
stockings harisnya
stomach gyomor
stomach ache gyomorfájás
stone kő
stop megálló
stop *(verb)* megállni; stop!
állj!
storm vihar
story történet
strange *(odd)* különös
strawberry eper
stream patak
street utca
string húr
stroke *(attack)* szélütés
strong erős
stuck megakadt
student egyetemi hallgató
stupid buta
suburbs külvárosok
subway *(US)* metró
success siker
suddenly hirtelen
suede szarvasbőr

sugar cukor
suit *(man's)* öltöny; *(woman's)*
kosztüm; blue suits you
a kék jól áll magának
suitcase bőrönd
summer nyár
sun nap
sunbathe napozni
sunburn leégés
Sunday vasárnap
sunglasses napszemüveg
sunny napos
sunset naplemente
sunshine napsütés
suntan lesülés
suntan lotion/oil napolaj
supermarket szupermárket
supplement melléklet
sure biztos
surname vezetéknév
surprise meglepetés
surprising meglepő
swallow lenyelni
sweat izzadni
sweater pullóver
sweet édesség
sweet *(to taste)* édes
swim úszni
swimming úszás; go
swimming úszni menni
swimming costume
fürdőruha
swimming pool uszoda
swimming trunks
úszónadrág
switch kapcsoló
switch off *(light, television)*
kikapcsolni; *(engine)*
leállítani
switch on *(light, television)*
bekapcsolni; *(engine)*
beindítani
Switzerland Svájc

swollen dagadt
synagogue zsinagóga

table asztal
tablecloth terítő
tablet tabletta
table tennis asztali tenisz
tail farok
take venni; **take away** *(remove)* elvenni; **take off** *(plane)* felszállás
talcum powder púder
talk beszélni
tall magas
tampon tampon
tan *(colour)* lesülés
tank tartály
tap csap
tape *(cassette)* kazetta
tart sütemény
taste ízlés
taste *(try)* megkóstolni
taxi taxi
tea tea
teach tanítani
teacher *(man)* tanár; *(woman)* tanárnő
team csapat
teapot teáskanna
tea towel konyharuha
teenager kamasz
telegram távirat
telephone telefon
telephone directory telefonkönyv
television televízió
temperature hőmérséklet
tennis tenisz

tent sátor
terrible rettenetes
terrific szédületes
than: uglier than csúnyább mint
thank megköszönni
thank you köszönöm
that *(adjective)* az a; *(pronoun)* az; **I think that ...** azt hiszem, hogy; **that one** az
the a/az; *(see grammar)*
theatre színház
theft lopás
their az ő ...-juk/-jük; *(see grammar)*
theirs az övék; *(see grammar)*
them *(direct, inanimate)* azokat; *(animate)* őket; *(indirect)* ők; *(see grammar)*
then aztán
there ott; **there is/are** van; **is/are there ...?** van ...?
thermal baths gyógyfürdő
thermometer hőmérő
thermos flask termosz
these *(adjective)* ezek a; *(pronoun)* ezek
they ők
thick vastag
thief tolvaj
thigh comb
thin vékony
thing dolog
think gondolni
thirsty: I'm thirsty szomjas vagyok
this *(adjective)* ez a; *(pronoun)* ez; **this one** ez; *(see grammar)*
those *(adjective)* azok a; *(pronoun)* azok
thread cérna
throat torok

ENGLISH-HUNGARIAN

throat pastilles torokfájás elleni cukorka
through keresztül
throw dobni; **throw away** eldobni
thunder mennydörgés
thunderstorm vihar
Thursday csütörtök
ticket jegy
ticket office pénztár
tie nyakkendő
tight szűk
tights harisnyanadrág
till pénztár
time idő
time *(occasion)* ...-szer/-szor/-ször; **on time** pontosan; **what time is it?** hány óra?; *(see grammar)*
timetable menetrend
tin opener konzervnyitó
tip borravaló
tired fáradt
tissues papírzsebkendő
to ...-ba/-be/-hoz/-hez/-höz/-ra/-re; **I'm going to Budapest/the station** Budapestre/az állomásra megyek; *(see grammar)*
toast pirított kenyér
tobacco dohány
today ma
toe lábujj
together együtt
toilet W.C.
toilet paper W.C. papír
tomato paradicsom
tomorrow holnap
tongue nyelv
tonight ma este
tonsillitis mandulagyulladás
too *(also)* is; **too big** túl nagy; **not too much** ne túl sokat

tool szerszám
tooth fog
toothache fogfájás
toothbrush fogkefe
toothpaste fogkrém
top tető; **at the top** legfelül
torch zseblámpa
touch érinteni
tourist túrista
towel törülköző
tower torony
town város
town hall városháza
toy játék
track *(US: rail)* peron
tracksuit melegítő
tradition hagyomány
traditional hagyományos
traffic forgalom
traffic jam forgalmi dugó
traffic lights forgalmi lámpa
trailer *(behind car)* utánfutó
train vonat
trainers tornacipő
Transdanubia Dunántúl
translate lefordítani
transmission *(car)* valtomu
Transylvania Erdély
Transylvanian erdélyi
travel utazni
travel agent utazási ügynökség
traveller's cheque utazó csekk
tray tálca
tree fa
tremendous nagyszerű
trip kirándulás
trolley kocsi
trousers nadrág
true igaz
trunk *(US: car)* csomagtartó

ENGLISH-HUNGARIAN

try megpróbálni; **try on** felpróbálni
T-shirt alsóing
Tuesday kedd
tuna fish tonhal
tunnel alagút
turkey pulyka
turn *(verb)* fordulni
tweezers csipesz
twins ikrek
typewriter írógép
tyre gumi

ugly csúnya
Ukraine Ukrajna
Ukrainian ukrán
umbrella esernyő
uncle nagybácsi
under alatt
underdone félnyers
underground metró
underneath alul;
    underneath ... ... alatt
underpants alsónadrág
understand érteni
underwear alsónemű
unemployed munkanélküli
unfortunately sajnos
United States Egyesült Államok
university egyetem
unpack kicsomagol
unpleasant kellemetlen
until ...-ig
up: up there odafenn
upstairs az emeleten
urgent sürgős
us minket; *(see grammar)*
use *(verb)* használni

useful hasznos
usual szokásos
usually rendszerint

vaccination oltás
vacuum cleaner porszívó
vagina hüvely
valid érvényes
valley völgy
valve szelep
van teherkocsi
vanilla vanília
vase váza
VD nemibetegség
veal borjúhús
vegetables zöldség
vegetarian vegetariánus
vehicle jármű
very/very much nagyon
vet állatorvos
video video
video recorder video készülék
Vienna Bécs
view látvány
viewfinder irányzóablak
villa villa
village falu
vinegar ecet
vineyard szőlő
visa vízum
visit látogatás
visit *(verb)* meglátogatni
vitamins vitaminok
voice hang

W

waist derék
wait várni
waiter pincér
waiting room váróterem
waitress pincérnő
wake up *(someone)* felkelteni; *(oneself)* felébredni
Wales Wales
walk séta; **go for a walk** sétálni
walk *(verb)* gyalogolni
walkman *(R)* hordozható magnetofon
wall fal
wallet levéltárca
want akarni; **I want** akarok; **do you want ...?** akarsz ...?
war háború
warm meleg
wash *(something)* mosni
wash *(oneself)* mosakodni
washbasin mosdó
washing mosott ruha
washing machine mosógép
washing powder mosópor
washing-up mosogatás
washing-up liquid mosogatószer
wasp darázs
watch *(for time)* óra
watch *(verb)* figyelni
water víz
waterfall vízesés
waterski vízisí
way: this way *(like this)* így; **can you tell me the way to the ...?** meg tudná mondani, hogy kell ...-hez menni?

we mi; *(see grammar)*
weak gyenge
weather idő; **the weather's good** jó idő van
weather forecast időjárásjelentés
wedding esküvő
Wednesday szerda
week hét
weekend hétvég
weight súly
welcome! Isten hozta!
well: he's well/he's not well jól van/nincs jól
well *(adverb)* jól; **well done!** kitűnő!
well-done *(meat etc)* jól átsült
wellingtons gumicsizma
Welsh walesi
west Nyugat; **west of** Nyugatra ...-tól/-től; *(see grammar)*
wet nedves
what *(relative)* ami; **what?** mi?; **what's this?** mi ez?
wheel kerék
wheelchair tolószék
when? mikor?
where? hol?
which *(relative)* amely; **which?** melyik?
while míg
whipped cream tejszínhab
white fehér
who? ki?
whole egész
whooping cough szamárköhögés
whose: whose is this? kié ez?
why? miért?
wide széles
widow özvegyasszony

ENGLISH-HUNGARIAN

widower özvegyember
wife feleség
wild vad
win *(verb)* nyerni
wind szél
window ablak
windscreen szélvédő
windscreen wiper ablaktörlő
wine bor; **red/white/rosé wine** vörös/fehér/rózsaszín bor
wine list borlista
wing szárny
winter tél
wire drót
wish: best wishes fogadja legjobb kívánságaimat
with ...-val/-vel; *(see grammar)*
without nélkül
witness tanu
woman nő
wonderful remek
wood fa
wool gyapjú
word szó
work munka
work *(verb)* dolgozni; **it's not working** nem működik
world világ
worry about aggódni ... miatt
worse rosszabb
worst legrosszabb
wound *(noun)* seb
wrap becsomagolni
wrapping paper csomagoló papír
wrench csavarkulcs
wrist csukló
write írni
writing paper levélpapír

wrong hibás

X-ray röntgen

yacht jacht
year év
yellow sárga
yes igen; **oh yes I do!** de igen!
yesterday tegnap
yet még; **not yet** még nem
yoghurt joghurt
you *(familiar)* te; *(object)* téged; *(singular, polite)* ön; *(plural, polite)* önök; *(singular, very polite)* maga; *(plural, very polite)* maguk; *(see grammar)*
young fiatal
young people a fiatalok
your *(familiar)* a te ...-d/-id; *(plural/polite)* az ön/az önök ...-a/-e/-ai/-ei; *(see grammar)*
yours *(familiar)* a tiéd/a tiétek; *(plural/polite)* az öné/az önöké; *(see grammar)*
youth hostel ifjúsági szálló
Yugoslavia Jugoszlávia

zero zérus
zip cipzár

a the
ablak window
ablaktörlő windscreen wiper
adni give
agglegény bachelor
aggódni ... miatt worry
  about
ágy bed; cot
ágynemű bed linen
alkudni bargain
ajak lip
ajándék present
ajánlani offer; recommend
ajtó door
akarni want
akasztó hanger
akié whose
akkoris anyway
akkumulátor battery
aktatáska briefcase
alacsony low
alagsor basement
alagút tunnel
aláírni sign
alapozó krém foundation
  cream
alatt below; during
Alföld: az Alföld Great
  Plains
alkohol árusításra jogosult
  off-licence
alkoholmentes ital soft
  drink
áll stand; chin

állam state
állami state-run
állampolgárság nationality
állapot condition
állás job
állat animal
állatkert zoo
állatorvos vet
állj! stop!
állkapocs jaw
állomás station
alma apple
almabor cider
almáspite apple pie
álmatlanság insomnia
álmos sleepy
álom dream
alpinizmus rock climbing
alsóing vest
alsónadrág underpants
alsónemű underwear
által by
altató sleeping pill
aludni sleep
alul underneath
aluljáró subway
alva asleep
amerikai mogyoró peanuts
ami what
amikor when
ananász pineapple
Anglia England
angol English; egy angol
  Englishman; angol
  lány/asszony English
  girl/woman; az angolok
  the English; angolul in
  English

HUGARIAN-ENGLISH

angol szalonna bacon
antik üzlet antique shop
anya mother
anyanyelv mother tongue
anyacsavar nut *(for bolt)*
anyag material
anyós mother-in-law
anyu mum
apa father
ápoló male nurse
ápolónő female nurse
após father-in-law
április april
aprópénz change
apu dad
ár price
áramszünet power cut
arany gold
aranyér piles
arc face
arcbőrtisztító krém
  cleansing cream
arcfesték mascara
arcszínező make-up
árnyék shade; shadow
ártalmas harmful
ártatlan innocent
áruház department store
Asszonyom Madam
ásványvíz mineral water
asztal table
asztali bor table wine
asztali edények crockery
asztalkendő napkin
átkelni ...-n cross
átmenni go through; pass
átszállni change
augusztus August
autó car
autóbérlés car rental
autópálya motorway
autóstoppal utazni hitchhike
autóbusz állomás bus

station
ausztrál Australian
az the; it; that one
azok those
azonnal immediately
azonnal oldódó kávépor
  instant coffee
azt that; **... azt mondják**
  they say that ...
aztán then

B

...-ba to; into
...-ba kerülni cost
bab beans
baba doll
bajusz moustache
bal left
baleset accident
baloldalt on the left
balta axe
...-ban in; **a szobában** in the
  room
banán banana
bankjegy banknote
bár although; bar
barack apricot
bárány lamb
barát friend; boyfriend
barátnő girlfriend
barlang cave
barna brown
barnasör brown ale
bátor brave
...-be to; into
...-be kerülni cost
becenév nickname
Bécs Vienna
becsomagolni wrap

89

HUNGARIAN-ENGLISH

becsomagolt ebéd packed lunch
becsületes honest
befejezni finish
beindítani switch on
bejárat entrance
bekapcsolni switch on
bekapcsolva on *(of lights)*
beleértve included
belépni enter
belső inside; inner tube
bélyeg stamp
bemenni go in
bemutatni introduce
bemutató show
...-ben in
benzin petrol
benzinkút petrol station
bér rent
bérelhető for hire
bérelni rent
bérelt gép charter flight
bereteszelni bolt
bérlakás rented flat/cottage
bérlet season ticket
beszállni get in
beszélni speak; talk
beszálló kártya boarding pass
beteg ill
betegség disease
beváltás exchange
bevásárló központ shopping centre
bevásárló szatyor shopping bag
bevásárolni do one's shopping
bezárni close; lock up
bírság fine
birka sheep
biztonsági öv seat belt
biztos sure

biztosíték fuse; collateral
biztosítás insurance
biztosítótű safety pin
blúz blouse
bocsánat excuse me
bocsánatot kérni apologize
bók compliment
boka ankle
boldog happy
bolond idiot
bonyolult complicated
bor wine
borbély barber
borda rib
boríték envelope
borjúhús veal
borlista wine list
borotva razor
borotva ecset shaving brush
borotva penge razor blade
borotvahab shaving foam
borotválkozni shave
borravaló tip
bors pepper
borsó peas
borzalmas horrible
bosszantani annoy
bosszantó annoying
botrányos shocking
bőr skin; leather
bőrönd suitcase
börtön prison
brit British
buggyantott tojás poached eggs
bugyi panties
burgonya potato
buszmegálló bus stop
buta stupid
butángáz Calor gas *(R)*
bútor furniture
büszke proud

HUNGARIAN-ENGLISH

cékla beetroot
cérna thread
ceruza pencil
ceruzahegyező pencil sharpener
cigány gypsy
cigányzene gypsy music
cigányzenekar gypsy band
cím address
címke label
cipő shoes
cipőfűző shoe laces
cipőkrém shoe polish
cipzár zip
citrom lemon
comb thigh
cukkini courgettes
cukor sugar
cukorbeteg diabetic
cukrászda cake shop

csak just; only
család family
csalás fraud
csalni cheat
csalódott disappointed
csap tap
csapat team
csapos barman
csatlakozás connection
csatorna canal
csavar bolt
csavarhúzó screwdriver
csavarkulcs wrench
csecsemő baby

csecsemőhordozó carry-cot
cseh Bohemian
Csehország Bohemia
csehszlovák Czechoslovakian
Csehszlovákia Czechoslovakia
csekk cheque
csekk kártya cheque card
csekk-könyv cheque book
csend silence; **csendet kérünk!** quiet!
csengő bell
csepp drop
cserekereskedelem barter agreement
cserélni exchange
cseresznye cherry
csésze cup
csillag star
csinálni make; do
csinos handsome; pretty
csipesz tweezers
csípés bite
csípni pinch
csípő hip
csípős hot
csirke chicken
csirkehús chicken
csizma boot
csók kiss
csokoládé chocolate
csókolni/csókolózni kiss
csomag package
csomagolni pack
csomagoló papír wrapping paper
csomagtartó boot; roof rack
csont bone
csoport group
cső pipe
csuklás hiccups
csukló wrist

HUNGARIAN-ENGLISH

csúnya ugly
csúszni skid
csúszós slippery
csütörtök Thursday

dagadt swollen
dal song
darab piece
darált hús minced meat
darázs wasp
datolya dates
dátum date
de but
december December
defekt breakdown
defektes flat *(tyre)*; broken
defektet kapni break down
deka/dekagr 10 grammes
dél midday
Dél south; **Délre ...-tól/-től**
  south of
délelőtt morning
délután afternoon; **délután 3
  óra** 3 p.m.
derűlátó optimistic
derék waist; decent
diapozitív slide
dinnye melon
dió walnut
diszko disco
disznó pig
disznóhús pork
divat fashion
divatos fashionable
dobni throw
doboz box
dohány tobacco
dohányozni smoke
dohányzó smoking

dolgozni work
dolog thing; work
domb hill
dönteni decide
döntés decision
drága dear
drapp beige
drót wire
drótkötélpálya kocsi cable
  car
dugaszhüvely socket
dugó plug; cork
dugóhúzó corkscrew
Duna Danube
Dunakanyer Danube Bend
Dunántúl Transdanubia
dunyha quilt
dühös angry; furious
dzsessz jazz

ebéd lunch
ebédlő dining room
ébren awake
ébresztőóra alarm clock
ecet vinegar
ecset paint brush
edények cooking utensils
édes sweet
édesség dessert; sweet
ég sky
egér mouse
égési seb burn
egész whole
egészen completely
egészség health
egészségére! bless you!;
  cheers!
egészséges fit
egészségügyi tampon

HUNGARIAN-ENGLISH

sanitary towel
éghajlat climate
égni burn
Egri Bikavér (R) Bull's Blood
  (R) *(wine)*
egy a; one
egyágyas szoba single room
egyedül alone
egyedülálló single
egyenesen straight ahead
egyenesen straight ahead
Egyesült Államok United
  States
egyetem university
egyetemi hallgató student
egyház church
egyszemélyes ágy single
  bed
egyszer once
egyszerű simple
együtt together; altogether
éhség hungry
éjfél midnight
éjjel at night
éjjeli mulató nightclub
éjszaka night
ejteni drop
ékszer jewellery
ékszerüzlet jeweller's
eladás sale
eladni sell
eladó for sale
elágazás fork *(in road)*
elájulni faint
eldobni throw away
eldugult blocked
elég enough; **elég lesz** that's
  enough
elégedett pleased; glad
elegem van ...-ból/-ből I'm
  fed up (with)
eleje in front of
elektromos electric
élelmiszer bolt grocer's

elem battery
élet life
eleven alive
elfelejteni forget
elfogadni accept
elfoglalt busy
elfogni catch
elhagyni leave
elképesztő astonishing
elkésni be late
elkészíteni prepare
elkísérni accompany
ellen against
ellenkező opposite
ellenőrizni check
elmenni go away; leave
elmosogatni do the
  washing-up
elnézést sorry
élni living
elosztó adaptor; distributor
élő alive
előadás performance
előétel starter
előre in advance
előtt before; in front of
elrejteni hide
első first
első emelet first floor
első osztály first class
elsőbbség right of way
elsősegély first aid
elszaladni bolt
eltörni break
eltűnni disappear
elvált divorced
elvenni take away
elveszteni lose
elviselhetetlen unbearable
ember person; **az ember** one;
  you; **emberek** people
emelet floor; **az emeleten**
  upstairs

HUNGARIAN-ENGLISH

emeletes ágy bunk beds
emelő jack
emésztési zavar indigestion
emlékezni remember
emlékmű monument
emléktárgy souvenir
...-en on; **széken** on the chair
én I; **én is** me too; **az én
...-im/-m** my
énekelni sing
engedély licence
énekes singer
engem me
enni eat
enyém mine
eper strawberry
épület building
ér be worth
ér vein
érdek interest
érdekes interesting
Erdély Transylvania
erdélyi Transylvanian
erdő forest
érett ripe
érezni feel
érinteni touch
**érintkezésbe lépni
...-val/-vel** contact
erkély balcony
érkezés arrival
érme coin
erős strong
erszény purse
...-ért for; **pénzért** for money
értekezlet meeting
értelmes intelligent
érteni understand
érvényes valid
érzékeny sensitive
érzés feeling
és and
esernyő umbrella

esküvő wedding
esni fall; rain
eső rain
esőkabát raincoat
este evening
estélyi ruha evening dress
Észak north
Északírország Northern
Ireland
eszköz means; tool
étel food
ételmérgezés food
poisoning
étkezés meal
étkező kocsi dining car
étlap menu
étrend diet
étvágy appetite
étvágygerjesztő aperitif
év year
évi annual
evezős csónak rowing boat
évforduló anniversary
evőeszközök cutlery
évszak season
évszázad century
expressz special delivery;
express train
ez it; this; this one; **ez jó lesz**
that'll do nicely
ezek these
**ezelőtt: három nappal
ezelőtt** three days ago
ezüst silver

fa tree; wood
fagy frost
fagyásgátló antifreeze
fagyasztott frozen

94

HUGARIAN-ENGLISH

fagyasztott étel frozen food
fagylalt ice cream
fáj it hurts
fájdalmas painful
fájdalom ache; pain
fájdalomcsillapító painkiller
fájós sore
fal wall
falragasz poster
falu village
fáradt tired
farmernadrág jeans
farok tail
február February
fedél cover
fedélzet deck
fedő lid
fehér white
fehér bor white wine
fehérítő bleach
fej head
fejfájás headache
fejkendő scarf
fejleszteni develop
fejlődni develop
fék brake
fekete black
fékezni brake
fél half; **fél liter/félnap** half a
  litre/day
feladni post
felborítani knock over
felébredni wake up
félelem fear
felelős responsible
félénk shy
feleség wife
felhívni ring
felhő cloud
felhős cloudy
felismerni recognize
felkelni get up
félni be afraid

felnőtt adult
félóra half an hour
félpenzió half board
felpróbálni try on
félreértés misunderstanding
felszállás take off
felszállni get in
féltékeny jealous
felkelteni wake up
felmenni go up
feltétel condition
felvilágosítás information
felvonó lift
felvonószék chairlift
fém metal
fenék bottom; **fenekén** at
  the bottom of
fenn upstairs
fény light
fénykép photograph
fényképész photographer
fényképezni photograph
fényképezőgép camera
férfi man
férj husband
férjhez menni get married *(of
  woman)*
férni have room
fertőtlenítő antiseptic;
  disinfectant
fertőzés infection
festeni paint
festmény painting
fésű comb
fia ...-nak/-nek son
fiatal young; **fiatalok** young
  people
figyelmeztetés warning
figyelni watch
filé fillet
fillér unit of currency
finom delicious
fiú boy

fivér brother
fizetés wage
fizetni pay
fizetővendészolgálat paying guest service
flört flirt
fodrász hairdresser
fog tooth; will/shall; *(see grammar)*
fogadás reception
fogadni receive
fogamzásgátló contraceptive
fogantyú handle
fogfájás toothache
fogkefe toothbrush
fogkrém toothpaste
foglalni book; reserve
foglalt engaged
foglalás reservation
fogó pliers
fogorvos dentist
fokhagyma garlic
folt stain; spot
folyni flour
folyó river
folyóirat magazine
folyosó corridor
font pound
fontos important
fordulni turn
forgalmi dugó traffic jam
forgalmi lámpa traffic lights
forgalmi rendőr traffic policeman
forgalom traffic; turnover
forrás spring *(water)*; fountain
forró hot
föld earth
földalatti underground
földszint ground floor
fölött above
fő main

főétel main course
főnök boss; manager
főtengely crankshaft
főtt tészta pasta
főzni cook; boil
franciakulcs spanner
Franciaország France
friss fresh
futni run
fű grass
függeni ...-tól/-től depend; **attól függ** it depends
független independent
függöny curtain
fül ear
fülbevaló earrings
fülke compartment
fürdő bath; bathroom
fürdőkád bathtub
fürdőruha swimming costume
fürdősapka bathing cap
fürdősó bath salts
füst smoke
fűszer spice
fűszerüzlet grocer's
fűtés heating
fűtőtest radiator

gallér collar
garancia guarantee
gazda farmer
gazdag rich
gazdaság farm
gázolaj diesel
gázpedál accelerator
generátor alternator
gesztenye chestnut
golyóstoll biro (R)

gomb button
gomba mushroom
gombostű pin
gond worry
gondolni; gondolkozni
 think
gondos careful
gondot viselni ...-ra/-re
 take care of
goromba rude
gömb ball
görcs cramp
gőz steam
gőzfürdő steam bath
gratulálok! congratulations!
gratulálok születésnapjára!
 happy birthday!
gulyásleves goulash soup
gumi rubber; tyre; elastic
gumicsizma wellingtons
gumidefekt puncture
gumiszalag rubber band

Gy

gyakran often
gyalog on foot
gyalogjáró pedestrian
**gyalogjáróknak fenntartott
 utca** pedestrian area
gyalogolni walk
gyalogos átkelőhely
 pedestrian crossing
gyapjú wool
gyapot cotton
gyár factory
gyémánt diamond
gyenge weak
gyep lawn
gyerek child
gyerekkocsi pram

gyertya candle
gyógyfű herbs
gyógyfürdő thermal baths
gyógyfürdőhely spa
gyomor stomach
gyomorfájás stomach ache
gyors quick; fast
gyorsan quickly
gyufa match
gyújtás ignition
gyűjtemény collection
gyújtógyertya spark plug
gyümölcs fruit
gyűrű ring

H

ha if
háború war
hagyma onion
hagyni allow; leave behind
hagyomány tradition
hagyományos traditional
haj hair
hajkondicionáló conditioner
hajlakk hair spray
hajó ship; boat
hajszárító hair dryer
hajvágás haircut
hal fish
halál death
halas fishmonger's
hálás grateful
hallani hear
hallgatni ...-t; ...-ra/-re
 listen (to)
hallókészülék hearing aid
hálókabát dressing gown
hálókocsi sleeper
hálószoba bedroom
halott dead

HUNGARIAN-ENGLISH

hálózsák sleeping bag
hamar soon
hamis false
hamis fogsor dentures
hamutartó ashtray
hang voice
hanglemez record
hanglemezbolt record shop
hangos loud
hangsúly accent
hangszer musical instrument
hangulat mood; atmosphere
hangverseny concert
hány? how many?
hányni vomit
harang bell
harapnivaló snack
harapófogó pliers
harisnya stockings
harisnyanadrág tights
hasábburgonya chips
hashajtó laxative
hasmenés diarrhoea
**hasonlítani ...-hez/-hoz/
-höz** look like
hasonló similar
használni use
használt second-hand
hasznos useful
hát back
határ border
hátizsák rucksack
hátráló sebesség reverse
  gear
hátsólámpa rear lights
ház house
hazamenni go home
házas married
házasodni get married (of
  man)
házi homemade
házi bor house wine
hazudni lie

hegy mountain
hely seat; place
helyes correct
hentes butcher's
herceg prince
hercegnő princess
hét week
hetenként per week
hétfő Monday
heti weekly
hétvége weekend
...-hez to
hiányzol nekem I miss you
hiba mistake; **az ő hibája** it's
  his fault
hibás wrong; faulty
híd bridge
hideg cold
hidegkrém cold cream
hidratáló moisturizer
hihetetlen incredible
hímvessző penis
hinni believe
hírek news
híres famous
hirtelen suddenly
hitelkártya credit card
hivatal office
hívni call
hó snow
hogy(an)? how?
hol? where?
hold moon
holnap tomorrow
holnapután the day after
  tomorrow
hólyag bladder; stupid
  person
homlok forehead
hónap month
horgászbot fishing rod
horkolni snore
horvát Croatian

98

HUNGARIAN-ENGLISH

Horvátország Croatia
hossz length
hosszabbító huzal extension
  lead
hosszú long
...-hoz to
hozni bring
hő heat
hölgy lady
hőmérő thermometer
hőmérséklet temperature
Hősök Tere Heroes' Square
...-höz to
hullám wave
hullámlovagló sailboard
húr string
hús meat
húsleves broth
Húsvét Easter
huzal cable
huzat draught
húzni pull
hűtőszekrény fridge
hüvely vagina; pod
hüvelysapka IUD
hűvös cool

idegen stranger; strange
ideges nervous
idegösszeomlás nervous
  breakdown
idegösszeroppanás
  breakdown *(car)*
idő time; weather
időjárásjelentés weather
  forecast
időszak period
ifjúsági szálló youth hostel
...-ig until; up to

igaz true
igazi genuine
igazolvány certificate
igazságos fair
igen yes
így thus
ikrek twins
illat smell
index indicator
indulás departure
infarktus heart attack
influenza flu
információ information desk
ing shirt
ingyenes free of charge
injekció injection
inkább rather
inni drink
ipar industry
ír Irish
irány direction
irányjelző indicator
iránytű compass
irányzóablak viewfinder
irat document
írni write
író writer
írógép typewriter
Írország Ireland
is also; too
iskola school
ismerni know
ismételni repeat
Isten God
Isten hozta! welcome!
ital drink
itt here; **itt van/vannak** here
  is/are
ivóvíz drinking water
íz flavour
izgalmas exciting
ízlés taste
izom muscle

HUNGARIAN-ENGLISH

január January
járda pavement
jármű vehicle
játék game; toy
játszani play
javítani improve
javítóműhely garage
javulni improve
jég ice
jégeső hail
jégkocka ice cube
jegy ticket
jegyezve: el van jegyezve engaged
jegyiroda box office
jegypénztár ticket office
jegyzet note
jelenteni mean; report
jó good
jó éjszakát good night
jó estét good evening
jó étvágyat! enjoy your meal!
jó napot hello
jó reggelt good morning
jó utat! have a good journey!
jobb better; right; **jobb mint** better than
jobban szeretni prefer
jobboldalt on the right (of)
jobbra hajts keep right
jogosítvány driving licence
jóízű nice
jól well
jól van OK
jönni come
jövő future; next

jövőre next year
jugoszláv Yugoslavian
Jugoszlávia Yugoslavia
juhtúró ewe's cheese
július July
június June

kabát coat; jacket
kábítószer drug
kacsa duck
kagyló mussels
kagylófélék shellfish
kakaó cocoa
kalap hat
kalapács hammer
kalauz guide; conductor
kanál spoon
kanyar bend
kanyaró measles
kapcsolat connection
kapcsoló switch
kapitalizmus capitalism
kapni get; receive
káposzta cabbage
kar arm
kár damage; it's a pity
Karácsony Christmas
karalábé kohlrabi
karambol crash
karcsú slim
kardigán cardigan
karfiol cauliflower
Kárpátok Carpathian Mountains
karperec bracelet
karton cardboard
kártya card
karzat gallery
kávé coffee

kávéház café
kazettás magnó cassette player
kecske goat
kedd Tuesday
kedv mood; humour
kedvelni like
kedvenc favourite
kedves kind
kefe brush
kék blue
kelbimbó Brussels sprouts
Kelet east; **keletre ...-tól/-től** east of
Kelet-Európa Eastern Europe
kell must
kellemes nice; pleasant
kellemes karácsonyi ünnepeket! happy Christmas!
kellemetlen unpleasant
kemény hard
keménytojás hard-boiled egg
kemping camping
kenőcs ointment
kenu canoe
kényelmes comfortable
kenyér bread
kép picture
képtár art gallery
képviselet agent
kérdés question
kérdezni ask
kerek round
kerék wheel
kerékpáros cyclist
kerékpározás cycling
kérem please
keresni earn; look for
keresztnév first name
keresztül through
kerítés fence

kert garden
kerület district
kés knife
keserű bitter
keserű csokoládé plain chocolate
késés delay
keskeny narrow
késő late
kész over; finished; ready
keszeg bream
készpénz automata cash dispenser
készpénzben fizetni pay cash
kesztyű gloves
két hét fortnight
kétágyas szoba double room
kétszemélyes ágy double bed
kettős double
keverni mix
kevés few; a little
kevesebb less
kézbesítés delivery
kezdeni begin
kezdet beginning
kezdő beginner
kezelés treatment
kezelni treat
kézifék handbrake
kézipoggyász hand luggage
kézitáska handbag
kézműipar crafts
ki? who?
kiabálni shout
kiállítás exhibition
kiárúsítás sale
kicsi small
kicsomagol unpack
kié: kié ez? whose is this?
kiejteni pronounce
kiejtés accent

HUNGARIAN-ENGLISH

kificamodott sprained
kifli crescent-shaped roll
kígyó snake
kihúzó ceruza eyeliner
kijárat exit
kikapcsolni switch off
kikapcsolva off *(of lights)*
kilátás view
kilométeróra speedometer
kimenni go out
kimondani pronounce
kínos embarrassing
kinyitni open
kipufogó exhaust
király king
királynő queen
kirándulás trip
kis little; some
kisasszony Miss
kistányér saucer
kiszállni get off
kiszolgálás service; service charge
kiszolgálónő bárban barmaid
kitűnő! excellent!; well done!
kivált especially
kívánság wish; **fogadja legjobb kívánságomat** best wishes
kivéve except
kívül outside
klasszikus zene classical music
kocsi carriage; trolley
kocsira felvenni valakit give a lift to
koffeinmentes decaffeinated
kókusz coconut
kolbász sausage
kommunizmus communism
komoly serious

kompakt lemez compact disc
konnektor socket
kontaktlencse contact lenses
konyha kitchen
konyhaeszközök cooking utensils
konyharuha tea towel
konzerv can
konzervnyitó tin opener
konzulátus consulate
kopasz bald
koponya skull
kor age
korai early
koran early
kórház hospital
kormány government
kormánykerék steering wheel
kormánymű steering
korszerű modern
korsó jug
kosár basket
kosztüm suit *(woman's)*
kozmetikai szerek cosmetics
kő stone
köd fog
köhögni cough
köhögés cough
kölcsön loan
kölcsönadni lend
kölcsönkérni borrow
kölni férfiaknak aftershave
kölni víz eau de toilette
kömény caraway seeds
könnyű easy; light
könyv book
könyvtár library
könyvüzlet bookshop
könyök elbow
kör circle
körbehajtás roundabout

köröm nail
körömlakk nail polish
körömlakk tisztító nail polish remover
körömreszelő nailfile
körömvágó nail clippers
körözött ewe's cheese dip
körte pear; light bulb
kőrút boulevard
körülbelül about
köszönöm thank you
kötél rope
kötés bandage; binding
kötni knit; tie
kövér fat
követelni demand
következő next
követni follow
közel near
közép middle
Közép-Európa Central Europe
közepes nagyságú medium-sized
közepesen kisütve medium-rare
közlekedési szabályok highway code
központ centre
központi fűtés central heating
közvetlen direct
közönség audience
közönség public
között among; between
krumpli potatoes
kulcs key
kulcsra zárni lock
kuplung clutch
kusett couchette
kutya dog
küldeni send
külföldi foreign; foreigner

külföldön abroad
külvárosok suburbs
külön separate(ly)
külön gép charter flight
különben otherwise
különböző different
különlegesség speciality
különös strange
különös funny; amusing
kürt horn

láb leg
lábas saucepan
labda ball
labdarúgás football
lábfej foot
lábujj toe
lágy lencse soft lenses
lakni live; dwell
lakás flat *(apartment)*
lakodalom wedding feast
lakókocsi caravan
lakókocsi parkoló caravan site
lámpa light
lánc chain
languszta crayfish
langyos lukewarm
lány girl; daughter
lánynév maiden name
lapos flat
lassan slowly
lassú slow
látni see
látogatás visit
látogató visitor
látszani appear
látvány view
láz fever

HUNGARIAN-ENGLISH

lazac salmon
lé juice
leállítani switch off
lecke lesson
ledőlni lie down; collapse
leégés sunburn
lefeküdni go to bed; lie
down
lefordítani translate
legalább at least
legfelül at the top
légikisasszony air hostess
légiposta by airmail
légitársaság airline
legjobb best
legkevesebb at least
légkondicionálás
air-conditioning
légkondicionált
air-conditioned
legközelebb next; **a**
legközelebbi ... the
nearest ...
legrosszabb worst
légszárítás blow-dry
legtöbb most (of);
legtöbben most people
légy fly
lehet maybe; it's
possible/permissible to
lehetetlen impossible
lehetséges possible
lék leak
lekvár jam
lekésni miss
lélegezni breathe
lemenni go down
lemezjátszó record player
lencse lens; lentils
lenn downstairs
lenyelni swallow
lépcső stairs
lepedő sheet

lepihenni take a rest
lesikló pálya ski slope
lesülés suntan
lesülés tan
lesülni tan
leszállni get off; land
letartóztat arrest
létra ladder
leülni sit down
levegő air
levelesláda letterbox
levelezőlap postcard
levél letter; leaf
levélpapír writing paper
levéltárca wallet
leves soup
liba goose
lila purple
liszt flour
ló horse
lopni steal
lopás theft
lovaglás horse riding
lökhárító bumper
lökésgátló shock-absorber
lusta lazy

lyuk hole

ma today
ma este tonight
macska cat
macskajaj hangover
madár bird
maga you; ...-self

magam myself
magas high; tall
magán private
maguk you
magyar Hungarian; **egy
magyar** Hungarian man;
magyar lány/asszony
Hungarian girl/woman; **az
magyarok** the Hungarians;
magyarul in Hungarian
Magyarország Hungary
máj liver
majdnem almost
majonézmártás mayonnaise
május May
mák poppy seed
málna raspberry
mandula almond; tonsil
mandulagyulladás tonsillitis
mankó crutches
már already
maradék rest
maradni stay
március March
marhahús beef
mártás sauce
más different
máshol elsewhere
másik other; another
második osztály second
class
másodperc second
mással beszél engaged
matrac mattress
még still; **még mindig** still;
még szebb even more
beautiful; **még nem** not yet
megakadt stuck
megállni stop
megálló stop
megdöbbentő appalling
megelőzni overtake
megengedni allow

megérkezni arrive
megerősíteni confirm
megerőszakolás rape
meggy morello cherry
meggyújtani light
meghalni die
meghívás invitation
meghívni invite
megígérni promise
megint again
megjavítani repair
megkóstolni taste
megköszönni thank
meglátogatni visit
meglepetés surprise
meglepő surprising
megmagyarázni explain
megnyugodni relax
megosztani ...-val/-vel
share with
**megőrzőben hagyott
poggyász** left luggage
megpróbálni try
megrázkódtatás shock
megrongálni damage
megszállni stay
megszúr sting
megtartani keep
megtéríteni refund
méh bee; womb
meleg warm
melegítő tracksuit
melegvizes palack
hot-water bottle
mell chest; breast
melléklet supplement
mellett next to
melltartó bra
melltű brooch
mély tál bowl
mélyhűtő freezer
melyik? which?
menetrend timetable

menettérti jegy return ticket
menj innen! go away!
menni go
mennydörgés thunder
mennyezet ceiling
mennyi? how many?
menstruáció period
mentőautó ambulance
meny daughter-in-law
menyasszony fiancée
mérce gauge
meredek steep
méreg poison
méret size
merev lencse hard lenses
mérkőzés match
merni dare
mert because
mérték gauge
messze far (away)
mesterséges artificial
méter metre
méz honey
mező field
meztelen naked
mi we; mi? what?; mi ez?
  what's this?; mi újság?
  how are things?; a mi
  ...-aink/-eink/-unk/-ünk
  our
miatt because of
miénk: a miénk it's ours
miért? why?
miféle ...? what ...?
míg while
mikor? when?
mindegyik each
minden all; every;
  everything; ez minden
  that's all
mindenki everyone
mindenütt everywhere
mindig always

mindketten both of us/you/
  them
minket us
minőség quality
mint like; as; than
mise mass
mivel as; since; with what?
mocsok dirt
mogyoró hazelnut
móló quay
mondani say
moped moped
mosakodni wash
mosdó washbasin
mosni do the washing
mosni wash
mosoda laundry
mosogatás washing-up
mosogató kitchen sink
mosogatószer washing-up
  liquid
mosógép washing machine
mosoly smile
mosolyogni smile
mosópor washing powder
mosott ruha washing
most now
mostoha anya stepmother
mostoha apa stepfather
motor engine
motorcsónak motorboat
mozdony engine
mozi cinema
mozogni move
mögött behind
mulatságos funny; amusing
munka work; job
munkanélküli unemployed
műanyag plastic
műanyag zacskó plastic bag
műsor programme
műszerfal dashboard
műtét operation; surgery

művészet art
művész artist

nadrág trousers
nagy big
nagyanya grandmother
nagyapa grandfather
nagybácsi uncle
Nagybritannia Britain
nagyítás enlargement
nagykövetség embassy
nagynéni aunt
nagyon very; very much
nagyszerű tremendous
...-nak to
...-nál at
nap sun; day
naplemente sunset
napló diary
napolaj suntan lotion
napos sunny
napozni sunbathe
nappal during the day
nappali living room
napsütés sunshine
napszemüveg sunglasses
napszúrás sunstroke
naptár calendar; diary
narancs orange *(fruit)*
narancslekvár marmalade
narancssárga orange *(colour)*
nászút honeymoon
nátha cold; illness
...-né Mrs; **Bartókné** Mrs
  Bartok
nedves wet; damp
negatív negative
negyed quarter
néha sometimes

néhány some; a few
nehéz difficult; heavy; rich
...-nek to
...-nél at
nélkül without
nem no; not; sex; **nem
  dohányzó** non-smoking
német German
Németország Germany
nemibetegség VD
nemzetiség nationality
népzene folk music
neurotikus neurotic
név name
nevetni laugh
nevetséges ridiculous
névjegy business card
nézni look (at)
nincs I don't have any;
  there's no(t) ...
nincsenek there aren't
...-nom kell I have to ...
normális normal
notesz notebook; address
  book
nő woman
nős married man
nőtlen batchelor
növény plant
nővér sister

nyak neck
nyakkendő tie
nyaklánc necklace
nyalóka ice lolly
nyalóka lollipop
nyár summer
nyári vakáció summer
  holidays

nyél handle
nyelv language; tongue
nyelviskola language school
nyelvkönyv phrase book
nyelvtan grammar
nyerni win
nyers raw
nyílt open
nyilvánvaló obvious
nyitott open
nyomtatvány printed matter
nyugágy deck chair
Nyugat west; **Nyugatra
  ...-tól/-től** west of
nyugdíjas old-age pensioner
nyugodt quiet
nyugta receipt
nyújtózkodni stretch
nyúl rabbit
nyúlni stretch

Óbuda Old Buda
odafenn up there
odalenn down there
ok cause
okos clever; sensible
oktató instructor
olaj oil
Olaszország Italy
olcsó cheap
oldal side; page
olivaolaj olive oil
olló scissors
oltás vaccination
olvasni read
olyan so
olyan szép mint as beautiful
  as
...-on at; on; **az állomáson**

at the station; **az asztalon**
  on the table
optikus optician
óra hour; clock; watch
orosz Russian
Oroszország Russia
orr nose
ország country
országúti lámpa headlights
orvos doctor
orvosság medicine
osztály class
osztrák Austrian
**Osztrák-Magyar
  Monarchia** Austro-
  Hungarian Empire
óta since
ott there; over there
otthon at home
óvatos: légy óvatos be
  careful!
óvszer condom

ő he; she; **az ő ...-i/-ja/-je**
  his; her; **az ő ...-ik/-juk/
  -jük** their
ők they
őket them
ölni kill
öltöny suit *(man's)*
öltözködni dress *(oneself)*
öltöztetni dress *(someone)*
ön you; **az ön ...-i/-ja/-je**
  your
...-ön on
öné: az öné yours
öngyújtó lighter
önkiszolgálás self-service
önkiszolgáló mosoda

HUNGARIAN-ENGLISH

launderette
önök you; az önök ...-i/-ja/
-je your; yours; az önök
...-i/-ja/-je your
önöké: az önöké yours
önökét you
önt you
öreg old
őrült mad
ős ancestor
ősi ancient
összesen all-inclusive
ösvény path
ősz autumn
őszibarack peach
őszinte sincere
őt her; him
ötlet idea
öv belt
övé: az övé his; hers
övék theirs
özvegyasszony widow
özvegyember widower

padlizsán aubergine
padló floor
palacsinta pancake
pálinka Hungarian brandy
palota palace
pályaudvar station
panaszkodni complain
pap priest
papír paper
papírüzlet stationer's
papírzsebkendő tissues
paprika pepper
paprikás spicy meat stew
papucs slippers
pár pair; some a few

paradicsom tomato
paraj spinach
parancsolni order
parkolni park
parkoló car park
párna pillow
párolt braised
part coast; shore
pástétom pâté
patak stream
patika chemist's
patkány rat
pázsit lawn
pedál pedal
pék baker's
példa example; például for
example
pelenka nappy
pelenka bélelő nappy-liners
péntek Friday
pénz money
penzió guesthouse
pénztár cash desk; ticket
office
pénztárca purse
perc minute
peron platform
persze of course
petrezselyem parsley
pezsgő fizzy; champagne
piac market
pihenni rest
piknik picnic
pillangó butterfly
pilula pill
pincér waiter
pincérnő waitress
pirított kenyér toast
pirospaprika paprika
piskóta sponge cake
piszkos dirty
pisztoly gun
pite pie

pizsama pyjamas
poggyász luggage
poggyászt leadni
(repülőtéren) check-in
poggyász túlsúly excess
baggage
pohár glass
pók spider
pongyola dressing gown
pontosan on time
ponty carp
popzene pop music
porszívó vacuum cleaner
portás receptionist; porter
posta post office; mail
postaláda letterbox
postás postman
pótalkatrész spare parts
pótkerék spare tyre
praktikus practical
púder talcum powder
puha soft
pulyka turkey
puska gun
puszta steppe

R

...-ra to; on; **az asztalra tette**
he put it on the table
radir rubber
ragasztó glue
ragasztószalag sellotape *(R)*
rágógumi chewing gum
ragtapasz Elastoplast *(R)*
rák cancer
rakott layered
rántott breaded
rántotta scrambled eggs
R-beszélgetés reverse
charge call

...-re to; on
recept prescription; recipe
redőny shutters
regény novel
reggel morning; **reggel
ötkor** at 5 a.m.
reggeli breakfast
remek fantastic
remélni hope
rendben van all right
rendelet decree
rendelni order
rendetlenség mess
rendőr policeman
rendőr őrszoba police
station
rendőrség police
rendszám registration
number
rendszámtábla number plate
rendszerint usually
repülés flight
repülni fly
repülőgép plane;
repülőgéppel by air
repülőtér airport
rész part
részeg drunk
retek radish
rétes strudel
rettenetes terrible
reuma rheumatism
rév ferry *(service)*
révhajó ferry *(boat)*
ribizli red currant
ritka rare
rizs rice
roham attack *(fit)*
rokkant disabled
rokonság relatives
rokonszenves nice
román Romanian
romok ruins

rossz bad
rosszabb worse
rosszul badly
rostonsült grilled
rothadt rotten
rovar insect
rovarirtó insecticide
rózsa rose
rózsaszín pink
rózsaszín bor rosé
röntgen X-ray
röpirat leaflet
rövid short
rövidlátó shortsighted
rövidre vágott haj shortcut
rubeola German measles
rugalmas elastic
rúgó spring
ruha clothes; dress
ruha akasztó coathanger
ruhaszárító csipesz clothes peg
ruhatár cloakroom
rúzs lipstick

sajnos unfortunately
sajt cheese
sál scarf
saláta lettuce
saláta öntet salad dressing
sampon shampoo
sapka cap; bonnet
sárga yellow
sárgarépa carrot
sarok corner; heel
sátor tent
savanyú sour
savanyúság pickles
seb wound

sebesség gear
sebességhatár speed limit
sebességváltóház gearbox
sebességváltókar gear lever
segítség help
segíteni help
sehol nowhere
selyem silk
sem ... sem ... neither ... nor ...
semmi nothing
senki nobody
seprő broom
serpenyő frying pan
sertéshús pork
sérült injured
séta walk
sétálni go for a walk
sí ski
sícipő ski boots
síelni ski
siessen! hurry up!
sietni hurry
sílift ski-lift
siker success
sikoltani scream
sirály seagull
sírni cry
sízés skiing
Skócia Scotland
skót Scottish
só salt
sógor brother-in-law
sógornő sister-in-law
soha never
sok much; many; a lot (of)
sok szerencsét! good luck!
soká for a long time
sokat: ne túl sokat not too much
sokk shock
sonka ham
sor queue

HUNGARIAN-ENGLISH

sorbaállni queue
sós salty
sör beer
sötét dark
Spanyolország Spain
spárga asparagus
spenót spinach
sportkocsi pushchair;
  sportscar
strand beach; open-air
  swimming pool
súly weight
süket deaf
süllő pike-perch
süllyedni sink
sült fried
sült krumpli baked potatoes
sürgős urgent
sütemény biscuit
sütemények pastry
sütni bake; fry
sütő oven
svábbogár cockroach
Svájc Switzerland

Sz

szabad free; allowed; for hire;
  szabad! come in!; szabad
  piac free market
szabadság holiday; freedom
szag smell
szagolni smell
szagtalanító deodorant
száj mouth
szakács cook
szakáll beard
szálka fishbone
szállás accommodation
szálloda hotel
szalon lounge

szalonna bacon
szalvéta serviette
szám number
szamár donkey
szamárköhögés whooping
  cough
számítógép computer
számla bill
számológép calculator
számtábla number plate
szándékosan deliberately
szappan soap
száraz dry
szárazbor dry wine
szárítani dry
szárny wing
szárnyas poultry
százalék per cent
szeder blackberry
szédületes terrific
széf safe
szegény poor
szégyenkezve ashamed
szégyenlős shy
szék chair
székesegyház cathedral
székrekedéses constipated
szekrény cupboard;
  wardrobe
szél wind; edge
szelep valve
széles wide
szelet chop; slice
szélütés stroke
szélvédő windscreen
szem eye
szemben opposite
személy person
személyi igazolvány ID
  card
szemét rubbish
szemétláda dustbin

112

HUNGARIAN-ENGLISH

szemhéjfestő ceruza eye shadow
szemüveg glasses
szemöldök eyebrow
szénanátha hay fever
szendvics sandwich
szennyes laundry
szennyezett polluted
szép beautiful
...-szer times
szerb Serbian
szerda Wednesday
szerelem love
szerelő mechanic
szerencse luck
szerencsére fortunately
szerencsétlenség disaster
szeretet love
szeretkezni make love
szeretni love
szerezni get
szerkezet device
szerszám tool
szervezni organize
szervusz hello
szervusztok hello
sziget island
szikla rock; cliff
szilva plum
Szilveszter este New Year's Eve
szín colour
színdarab play
színes film colour film
színház theatre
szív heart
szivar cigar
szivárvány rainbow
szivató choke *(car)*
szivattyú pump
szlovák Slovak
szmoking dinner jacket
szó word

szoba room
szobalány chambermaid
szódavíz soda water
szokás custom; habit
szokásos usual
szoknya skirt
szolga steward; servant
szolgálat service
szolgálni serve
szombat Saturday
szomjas thirsty
szomorú sad
szomszéd neighbour
szoptatni breastfeed
...-szor times
szórakozni have fun
szótár dictionary
szovjet Soviet
Szovjetúnió Soviet Union
szög nail
szőke blond
szőlő grapes
szőnyeg carpet
szőr hair
szték steak
szúnyog mosquito
szupermárket supermarket
szűk tight
szükség: ...-ra/-re van szükségem ... I need ...
szükséges necessary
születésnap birthday
szülők parents
szürke grey
szűrő filter

tabletta tablet
tábor camp
tábori ágy campbed

HUNGARIAN-ENGLISH

táj scenery
tájkép landscape
tájszólás dialect
takaró blanket
tál dish
találkozni meet
találkozó appointment; meeting
találni find
talált tárgyak lost property office
talán maybe
tálca tray
talp sole
tanácsolni advise
tanár secondary school teacher
táncolni dance
tanítani teach
tanító primary school teacher
tanu witness
tanulni learn
tányér plate
társadalom society
társalgó lounge
társaság company
társasjáték party game; board game
társasutazás package tour
tartály tank
tartani hold
tartóshullám perm
tartózkodás stay
tartozni ...-hez/-hoz/-höz belong to
táska bag
tavaly last year
tavasz spring
távirat telegram
távol far away
távolabb further
távolság distance
te you; **a te ...-d/-id** your(s)

teáskanna teapot
téged you
tégla brick
tegnap yesterday
tegnapelőtt the day before yesterday
tehén cow
teherautó lorry
teherkocsi van
tej milk
tejcsokoládé milk chocolate
tejeskávé white coffee
tejföl soured cream
tejszín cream
tejszínes sütemény cream puff
tejszínhab whipped cream
tél winter
telefon kódszám dialling code
telefonálni phone
telefonfülke phone box
telefonkönyv telephone directory
telefonszám phone number
televízió television
teli full
teljes full; complete
teljes ellátás full board
temetés funeral
temető cemetery
templom church
tengely axle
tenger sea
tenni do; put
tér square
térd knee
térdnadrág shorts
terhes pregnant
terítő tablecloth
térkép map
természet nature
természetes natural

HUNGARIAN-ENGLISH

terv plan
terület area
tessék please; **tessék?**
  pardon?
test body
tészta cake
tető roof
tetszik like
tévedés mistake
ti you; **a ti ...-tek/-tok/-itok**
  your; **a ti ...-tök** your
tiéd: a tiéd yours
tiétek: a tiétek yours
tilos forbidden; **tilos a ...**
  no ...
tiszta clean
tiszta ruha change
tisztítani clean
titeket you
titok secret
tó lake
tojás egg
tojás tartó egg cup
Tokaji *(R)* Tokay *(R)*
toll pen
tolni push
tolvaj thief
tolószék wheelchair
tonhal tuna fish
tornacipő trainers; gym
  shoes
torok throat
torokfájás elleni cukorka
  throat pastilles
torony tower
torta cake
továbbítani forward
több more
többi the rest; the other(s)
tökéletes perfect
tölcsér funnel
tölteni fill
töltött stuffed

tömeg crowd
tömés filling
törés fracture
törölni cancel
törött broken
történelem history
történet story
történni happen
törülköző towel
törvény law
tréfa joke
tudakozó directory enquiries
tudni know; be able to
tudomány science
tudsz ...-ni? can you ...?
túl too; beyond
tulajdonos owner
túlfőtt overdone
túlozni exaggerate
túrista tourist
túró cottage cheese
tű needle
tüdő lungs
tüdőgyulladás pneumonia
tükör mirror
tüsszenteni sneeze
tűz fire
tűzhely cooker
tüzijáték fireworks
tűzoltó szerkezet fire
  extinguisher
tűzoltóság fire brigade

uborka cucumber
udvarias polite
ugrani jump
ugyanaz same
úgy-úgy so-so
új new

HUNGARIAN-ENGLISH

Újév New Year
ujj finger
újság newspaper; news
újságárus newsagent
Ukrajna Ukraine
ukrán Ukrainian
unalmas boring
undorító disgusting
unoka grandchild
unokahúg niece
unokaöccs nephew
unokatestvér cousin
úr gentleman; Mr
urak gents
uram Sir
úszás swimming
úszni swim
uszoda swimming pool
úszónadrág swimming trunks
út road
útálni hate
után after
utána afterwards
utánfutó trailer
utas passenger
utazás journey
utazás autóstoppal hitchhiking
utazási ügynökség travel agent's
utazni travel
utazó csekk traveller's cheque
utca street
útépítés roadworks
útikönyv guide book
útjelző tábla roadsign
útlevél passport
útmutatás direction
útmutató guidebook
utolsó last
útvonal route

Ü/Ű

ügy cause
ügyes skilful
ügyetlek clumsy
ügynök agent
ügynökség agency
ügyvéd lawyer
ügyvezető manager
ülés seat
ünnepnap holiday
üres empty
űrlap form
ürü mutton
ütni hit
üveg bottle; glass *(material)*
üvegnyitó bottle-opener
üzenet message
üzlet business; shop
üzleti út business trip

V

...-vá/-vé válni become ...
vacsora dinner
vacsorázni have dinner
vad wild; game
vadász hunter
vadászni hunt
vadászpuska shotgun
vadonat új brand new
vágni cut
vagy or; you are
vagy ... vagy ... either ... or ...
vagyok I am
vagytok you are
vagyunk we are
vaj butter
vak blind

HUNGARIAN-ENGLISH

vakbélgyulladás appendicitis
...-val/-vel with ...
valahol somewhere
valaki somebody
valami something
válasz answer
válaszolni answer
választani choose
választás election
váll shoulder
vallás religion
valóban really
valószínűleg probably
váltani change
változékony changeable
valuta hard currency
valutaárfolyam exchange rate
vám customs
vámmentes taxes; duty-free
vámmentes üzlet duty-free shop
van there is/are; he/she/it is; **van ...?** is/are there ...?; **van magának ...** have you got ...?
van szerencsém! pleased to meet you!
vár castle
várni wait; **várjon meg!** wait for me!
város city; town
város központ city/town centre
városháza town hall
városi lámpa sidelights
váróterem waiting room
varrni sew
vas iron
vasalni iron
vasaló iron
vásár market; fair

vásárlás shopping
vasárnap Sunday
vásárolni go shopping
vaskereskedés ironmonger's
vastag thick
vasút railway
vasúti átjáró level crossing
vatta cotton wool
váza vase
védelmezni protect
vég end
vége a ...-nak/-nek no more ...
végre at last
vegytisztító dry-cleaner
vékony thin
véletlenül by chance
vendég guest
vendéglő restaurant
vendégség party
vendégszeretet hospitality
venni take; buy
ventillátor fan
ventillátorszíj fan belt
vér blood
vércsoport blood group
véres bloody; rare *(steak)*
verekedés fight
verekedni fight
vérezni bleed
vese kidney
veszély danger
veszélyes dangerous
vészhelyzet emergency
vészkijárat emergency exit
vezetéknév surname
vezetni drive; lead
vezető leader; driver
vézna skinny
vidék countryside
video készülék video recorder
vigyázat! look out!

HUNGARIAN-ENGLISH

vihar storm
viharkabát cagoule
világ world
világító torony lighthouse
világos clear
világos nappal in broad daylight
világos sör lager
világoskék light blue
villa fork
villamosság electricity
villanás flash
vinni carry
virág flower
virágüzlet florist's
visszaadni give back
visszajönni come back
visszapillantó tükör rearview mirror
visszatérni get back
viszketés itch
viszontlátásra goodbye
vitorla sail
vitorlás csónak sailing boat
vitorlázás sailing
víz water
vízesés waterfall
vízhólyag blister
vízisí waterski
vízisíznés waterskiing
vízum visa
vízvezetékszerelő plumber
vicc joke
vonal line
vonat train
vonzó attractive
vő son-in-law
vödör bucket
vőlegény fiancé
völgy valley
vörös red
vörösbor red wine
vöröshajú red-headed

walesi Welsh

zaj noise
zajos noisy
zakó jacket
zápor shower
zárni close
zárva closed
zavarni disturb
zeller celery
zene music
zenekar orchestra
zokni socks
zöldséges greengrocer
zöld green
zöldbab green beans
zöldpaprika green pepper
zöldség vegetables
zsák bag
zseb pocket
zsebkendő handkerchief
zsebkés penknife
zseblámpa torch
zsebtolvaj pickpocket
zsemlye bread roll
zsidó Jewish
zsinagóga synagogue
zsíros fat; greasy
zsömle bread roll
zsúfolt crowded
zúgni buzz
zuhany shower

GRAMMAR

The definite **ARTICLE** (the) in Hungarian is **a** before words beginning with a consonant and **az** before a word beginning with a vowel:

> **a szálloda**   the hotel
> **az étterem**   the restaurant

The indefinite article **egy** (a, an) can often be omitted:

> **Kati titkárnö**   Kati is a secretary

There are no grammatical **GENDERS** in Hungarian.

One very important general fact about Hungarian is that it does not have words like 'to', 'with' or 'for' (**PREPOSITIONS**) in front of words. Instead, special **ENDINGS** or **SUFFIXES** are used to convey the meaning:

az étterem the restaurant   **az étteremben** in the restaurant.

Another important general point concerns the notion of **VOWEL HARMONY**. This means that vowels in any ending added to a word change depending on the vowels of the word to which the ending is added. For example, **-ben/-ban** (meaning 'in'):

az étteremben in the restaurant   **a dobozban** in the box

Vowels like **a, o** and **u** are known as 'back vowels'. If a word contains a back vowel (like doboz), then it usually takes a back vowel ending: **-ban** or **-ra**.

Vowels like **e, i** are 'front vowels'. If a word contains only front vowels (like **étterem, szék**), it will take a front vowel ending: **-ben, -re**.

BACK VOWELS		FRONT VOWELS	
a	á	e	é
		i	í
o	ó	ö	ő
u	ú	ü	ű

GRAMMAR

Examples of preposition endings showing vowel harmony:

a szoba the room	a szobában in the room.
utca street	az utcán on the street
az asztal the table	az asztalon on the table
szék chair	a széken on the chair
föld ground	a földön on the ground

Essexben lakom	I live in Essex
Essexbe/Londonba	to Essex/London
Essexből/Londonból	from Essex/London
Londonban dolgozom	I work in London
Magyarországon lakik	he/she lives in Hungary
Budapesten dolgozik	he/she works in Budapest

az asztalra/székre teszem	I put it on(to) the table/chair
Magyarországra/Budapestre	to Hungary/Budapest
az asztalról/székről	from (off) the table/chair
Magyarországról/Budapestről	from Hungary/Budapest

az asztal the table	az asztalnál at the table
az ablak the window	az ablaknál at the window
Gergőnél	at Gergő's (place)
Gergőhöz	to Gergő's place

az asztalhoz/székhez/földhöz to near the table/chair/ground	

az asztaltól/széktől	from near the table/chair.
galuska dumplings	galuskával with dumplings
gyümölcslé fruit juice	gyümölcslével with fruit juice
asztallal with the table	székkel with the chair

'To' or 'for' are conveyed by the ending **-nak/-nek**:

> **add át ezd az ajándék a feleségednek**
> give this present to your wife
>
> **ez az ajándék a feleségednek lesz**
> this present is for your wife

But the Hungarian for 'for' in the sense of 'he paid for the goods' is **-ért** (this ending has only one form):

> **fizetett az áruért**

PLURAL of nouns is indicated by the ending **-k**:

> utca street   utcák streets

If the noun ends in a consonant, the **-k** ending becomes either **-ok/-ek/-ök**, or sometimes **-ak**, depending on the vowels in the word:

GRAMMAR

székek chairs	**tanárok** teachers
mérnökök engineers	**házak** houses

Some words are shortened slightly in the plural:

étterem restaurant   **éttermek** restaurants.

You do not, however, use the plural ending with a number. In Hungarian, you say one book, two book, a thousand book etc – **egy könyv, két könyv, ezer könyv.**

ADJECTIVES usually come before the word they describe, as in English:

fehér bor white wine   **fekete kávé** black coffee

When they come before the noun, adjectives do not change in the plural:

a fáradt túristák   the tired tourists

but if the adjective is separated from the noun it refers to, then the plural ending is needed:

a túristák fáradtak	the tourists are tired
az autóbuszok németek	the buses are German

The plural endings are **-k** (after most vowels), **-ak** or **ek**. There are a few exceptional adjectives, notably **nagy** 'big', which take **-ok**: **nagyok**. Adjectives which end in **ú**, **ü** and **i** take **-ak** or **-ek** rather than just **-k**.

To form a *COMPARATIVE*, add the suffix **-bb** to an adjective ending in a vowel, **-abb** or **-ebb** to adjectives ending in a consonant:

rossz bad:	**az a szálloda rosszabb**
	that hotel is worse
olcsó cheap:	**ez az étterem olcsóbb**
	this restaurant is cheaper

'Than' is expressed by the word **mint**:

az a szálloda rosszabb mint a Gellért
that hotel is worse than the Gellért

or by using one of the endings **-nál** or **-nél**:

ez az étterem olcsóbb a szállodánál
this restaurant is cheaper than the hotel

Some comparatives are irregular:

GRAMMAR

sok much, many	**több** more
jó good	**jobb** better
szép beautiful	**szebb** more beautiful

The **SUPERLATIVE** (most beautiful, youngest etc) is formed by adding **leg-** to the beginning of a word:

a legszebb város	the most beautiful city
a legfiatalabb nő	the youngest woman

The **ACCUSATIVE** ending -t is added to a word when it is the object of an action. After a consonant, the ending becomes **-ot/-et/-öt** or sometimes **-at**. And as with the plural ending, some words are shortened in the accusative: **étterem** becomes **éttermet**:

bor wine	**bort rendel** he/she orders wine

POSSESSIVE endings are used where English uses words like 'my', 'your' etc (see the note on **VOWEL HARMONY** p119). They are:

-m/-om/-em/-öm or sometimes **-am** my

-d/-od/-ed/-öd or sometimes **-ad** your *(singular, familiar)*

-a/-e/-ja/-je his/her or your *(singular, polite)*

-unk/-ünk/-nk our

-(o)tok/-(e)tek/-(ö)tök your *(plural, polite)*

-uk/-ük/-juk/-jük their or your *(plural, polite)*

Note that for third person possessive forms ending in **-a** or **-e**, the standard suffix is preceded by **-j-** (**-ja/-juk**; **-je/-jük**).

asztal table

asztalom	**asztalaim**	my table/s
asztalod	**asztalaid**	your table/s
asztala	**asztalai**	his/her table/s
asztalunk	**asztalaink**	our table/s
asztalotok	**asztalaitok**	your table/s
asztaluk	**asztalaik**	their table/s

szék chair

székem	**székeim**	my chair/s
széked	**székeid**	your chair/s
széke	**székei**	his/her chair/s
székünk	**székeink**	our chair/s
széketek	**székeitek**	your chair/s
székük	**székeik**	their chair/s

GRAMMAR

sör beer

söröm	söreim	my beer/s
söröd	söreid	your beer/s
söre	sörei	his/her beer/s
sörünk	söreink	our beer/s
sörötök	söreitok	your beer/s
sörük	söreik	their beer/s

szoba room

szobám	szobáim	my room/s
szobád	szobáid	your room/s
szobája	szobái	his/her room/s
szobánk	szobáink	our room/s
szobátok	szobáitok	your room/s
szobájuk	szobáik	their room/s

kefe hairbrush

kefém	keféim	my hairbrush/es
keféd	keféid	your hairbrush/es
keféje	keféi	his/her hairbrush/es
kefénk	keféink	our hairbrush/es
kefétek	keféitek	your hairbrush/es
keféjük	keféik	their hairbrush/es

PERSONAL PRONOUNS:

én	I	mi	we
te	you *(familiar)*	ti	you *(plural, familiar)*
ő	he/she	ő	they
maga	you *(polite)*	maguk	you *(plural, polite)*

The word for 'he' ő also means 'she', and you do not have to change other words in a sentence in order to match the sex of a person (as in his/her etc).

The te form (plural ti) should not be used to strangers or superficial acquaintances. The polite form is maga (plural maguk). This is used with the third person. An alternative formal 'you' (also used with the third person) is ön (plural önök).

Unlike English, pronouns are often omitted in Hungarian:

kér sört?	would you like some beer?
tanár vagyok	I am a teacher

but they may be retained for special emphasis or if there is some doubt as to who is being referred to.

123

GRAMMAR

Many of the endings we saw earlier like **-val/- vel, -nak/-nek**, which are used where English uses prepositions, can themselves take possessive suffixes. Some of these are:

velem with me	**nekem** for me/to me
veled with you	**neked** etc
vele with him/her	**nálam** etc at my place
velünk with us	
veletek with you	
velük with them	

VERBS:

TO BE

vagyok	I am	**voltam**	I was	**leszek**	I shall be
vagy	you are	**voltál**	you were	**leszel**	you will be
van	he/she is	**volt**	he/she was	**lesz**	he/she will be
vagyunk	we are	**voltunk**	we were	**leszünk**	we'll be
vagytok	you are	**voltatok**	you were	**lesztek**	you'll be
vannak	they are	**voltak**	they were	**lesznek**	they'll be

Note: the third person **van/vannak** is omitted in cases like:

mérnök vagyok	I am an engineer
István mérnök	István is an engineer

van is included in sentences like:

Éva az étteremben van	Éva is in the restaurant

There is no verb TO HAVE in Hungarian. Instead, the verb **van/nincs** is used with the possessive endings. Instead of saying 'I have an apple', a Hungarian literally says there is my apple: **almám van**. The opposite of **van** is **nincs**: **nincs almám**, literally 'there is not my apple' (i.e. 'I haven't got an apple').

There are only two proper *TENSES* in Hungarian, the *PRESENT* and the *PAST*. Verbs are categorised as (i) **-ik** (if the third person singular ends with **-ik**) and (ii) all other verbs. In the dictionary of this book, verbs are given in the infinitive form (ending in **-ni**). The following is a list of common verbs, giving the parts that you will need to know in order to form the various tenses.